足球运动力量系统训练

（全彩图解修订版）

[德] 拉尔夫·迈耶（Ralf Meier）　著　黄海枫 译

人 民 邮 电 出 版 社

北 京

图书在版编目（CIP）数据

足球运动力量系统训练：全彩图解修订版 ／（德）
拉尔夫·迈耶著；黄海枫译. — 2版. — 北京 ：人民
邮电出版社，2020.5
ISBN 978-7-115-53063-9

Ⅰ．①足… Ⅱ．①拉… ②黄… Ⅲ．①足球运动—力
量训练—图解 Ⅳ．①G843.2-64

中国版本图书馆CIP数据核字(2019)第294338号

版权声明

Original Title: Strength Training For Soccer.

Aachen: Meyer & Meyer Verlag, 2007.

免责声明

内 容 提 要

踏错一步可能就会将比赛拱手相让。如同鞋钉之于球鞋，肌肉撕裂、肌腱和关节损伤都是足球运动的一部分。但其实许多受伤是可以避免的，尤其是当腿部肌肉准备得更充分的时候。足球运动员的肌肉必须足够强壮才可以承受这项包括冲刺、急停和交叉移动在内的运动，这些动作将膝盖及周边区域的使用推至极限。功能性力量训练让肌肉针对这些需求做好准备。适合参加比赛的肌肉不仅能让你成为更好的球员，也是保护肌腱和关节的最佳途径。

本书以易于理解的形式介绍了能够训练足球运动员最重要肌肉的各种练习，这些练习不仅可以增强肌肉力量，还可以提高柔韧性和关节的灵活性，适合足球爱好者、运动员及教练阅读。

- ◆ 著　　　[德] 拉尔夫·迈耶（Ralf Meier）
　　译　　　黄海枫
　　责任编辑　裴 倩
　　责任印制　周昇亮
- ◆ 人民邮电出版社出版发行　　北京市丰台区成寿寺路 11 号
　　邮编　100164　　电子邮件　315@ptpress.com.cn
　　网址　https://www.ptpress.com.cn
　　涿州市殷润文化传播有限公司印刷
- ◆ 开本：700×1000　1/16
　　印张：7.75　　　　　　　　　2020 年 5 月第 2 版
　　字数：106 千字　　　　　　　2025 年 10 月河北第 13 次印刷
　　著作权合同登记号　图字：01-2015-8068 号

定价：49.80 元

读者服务热线：(010)81055296　印装质量热线：(010)81055316
反盗版热线：(010)81055315

序 言

　　足球这种现代运动并不仅仅是要将球踢来踢去。即使在"草根"级别，对抗能力、运动素质和敏捷性也往往是胜负的关键。这本书告诉你如何把自己的运动表现提升到一个全新的水平，并反驳了一种理论，即有针对性的力量训练会使球员的速度和柔韧性降低。事实恰恰相反，因为速度是以力量为基础的。强壮的腿部肌肉能够保证你在关键时刻比自己的对手更快得到地面和空中来球。状态良好的腿部肌肉也会在困难的铲球中占有优势。

　　在足球场上，关节、肌腱和韧带格外脆弱，扭伤、半月板问题和肌腱炎令许多足球运动员非常烦恼。要保护被动的肌肉骨骼系统免受潜在损伤，最好的方法是让肌肉变得更强壮。这本书告诉你如何将正确的力量训练融入自己的训练计划中。

祝你好运！

拉尔夫·迈耶（Ralf Meier）

目　录

第1章
足球中的
运动素质

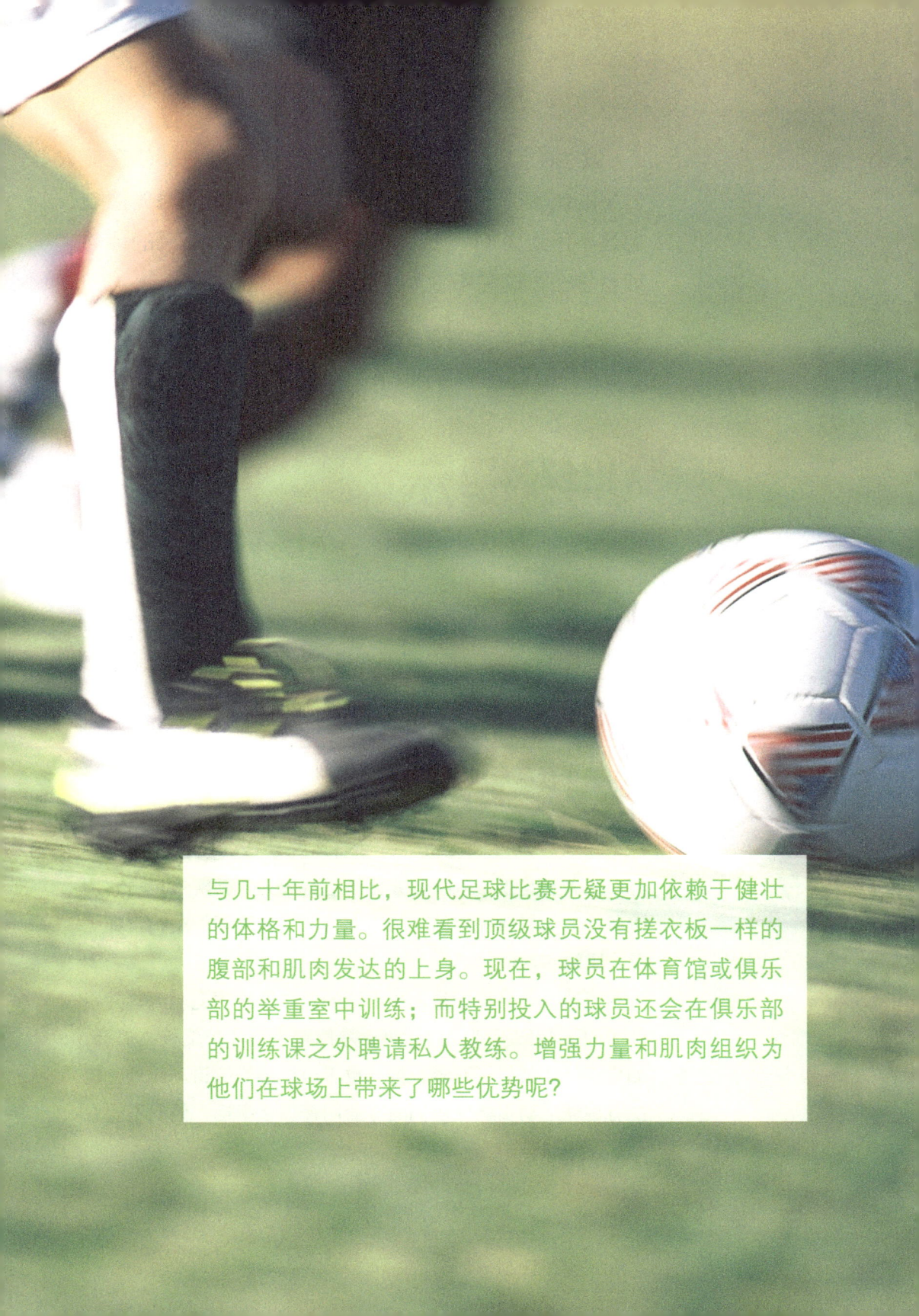

与几十年前相比，现代足球比赛无疑更加依赖于健壮的体格和力量。很难看到顶级球员没有搓衣板一样的腹部和肌肉发达的上身。现在，球员在体育馆或俱乐部的举重室中训练；而特别投入的球员还会在俱乐部的训练课之外聘请私人教练。增强力量和肌肉组织为他们在球场上带来了哪些优势呢？

发达的肌肉可以降低球员受伤的风险。即使在最公平的比赛（最近已不多见）中，一定量的身体接触也是不可避免的。所以，足球始终是风险最高的运动项目之一，这并不令人感到意外。

受伤的风险并不会、也不应该让足球运动员踌躇不前。正确的准备可以大幅降低比赛的风险。

训练提示

力量训练的热身活动应该让尽可能多的肌肉群参加运动，方法是在跑步机上跑步，或在动感单车上骑自行车。在迷你蹦床上跳跃也是一个很好的选择，因为其冲击力较低。在预热阶段没有拉伸，对于"冷"的肌肉是危险的。因此在增加训练重量之前，可以用较轻的重量做一两组热身运动。

除了提高整体的身体素质，训练有素的肌肉的主要好处是预防受伤。在比赛过程中会出现一些正常的负荷，如铲球、扭身或急停，被动肌肉骨骼系统是否会被这些应力损坏，或者它是否可以吸收并化解这些应力，其实这是由它周围肌肉的力量所决定的。肌肉支持并保护脆弱的结构，如关节、肌腱和韧带。

当然，热身也不是无所不能的。如果喜欢追潮流，并将袜子向下卷到脚踝位置，而不是拉起来盖住护腿板，那么，如果最终让腿打了石膏，自己也不应该感到惊讶。此外，极少有足球运动员能像他们的专业同行那么幸运，他们不能在

为了让身体做好准备，关键是在锻炼或比赛前进行热身。

修剪整齐的球场上打球，而是必须在泥泞的场地上东奔西跑，这些场地与足球场的唯一相同之处就是它们的大小。

1.1 问题方面

为了让身体有良好的准备，关键是在锻炼或比赛前进行热身。充分热身的肌肉能够更好地吸收杠杆和旋转力量，在比赛过程中，关节和韧带经常要承受这种作用力。

最复杂的关节（即膝关节）是最容易损伤的。在足球运动中，它经常要承受巨大的应力。严重的急性膝盖问题通常不是直接由对手造成的，而是由危险的旋转力和杠杆力造成的，如果脚在将球踢出之后被卡在草皮或对手的腿中，就可能会发生这种危险。即使是普通的踢球动作也可能会导致膝关节及周围的韧带出现问题。训练有素且充分热身的肌肉可以提供保护，避免严重受伤。

在膝盖区域，关键是非常发达的股四头肌和腘绳肌。为此，可以在训练计划中包括蹬腿升降架和股四头肌训练器上的练习。要在肌肉的整个移动范围内训练肌肉，并从一开始就用拉伸来补充力量训练，这是很重要的。高强度的力量训练会使肌肉更加紧张，如果不进行恰当处理，这可能会导致新的问题。有力但已缩短的大腿肌肉会增加受伤的风险。

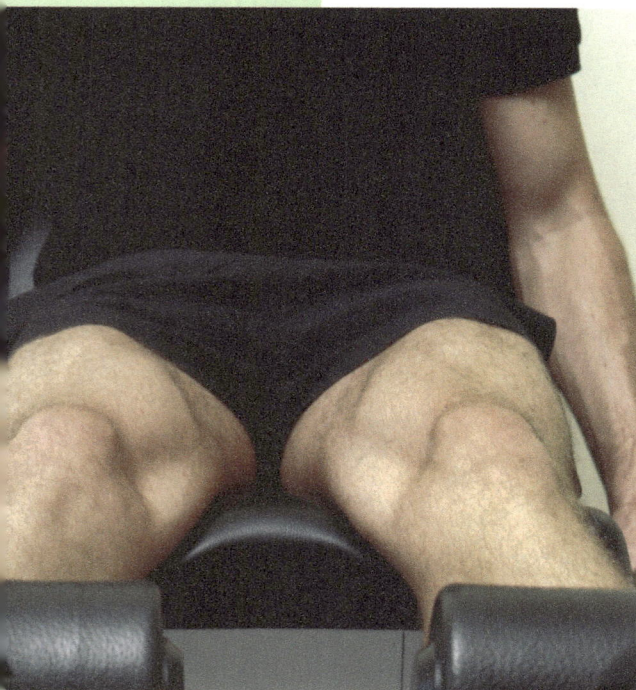

在蹬腿升降架和股四头肌训练器上练习，可以加强大腿的正面和背面的肌肉，这些肌肉对于足球运动员非常重要。

1.2 跟腱

在足球运动中，并非只有膝盖在承受巨大的应力。脚踝也很容易受伤。足球运动员经常抱怨在这个区域会感到非常疼痛，而在脚踝下半部（跗骨和踝骨之间）的伤远比在脚踝上半部（踝骨和小腿的骨头之间）的伤罕见，并且通常是由影响脚外侧的扭伤所引起的。

如果肌肉退化的程度更加严重，跟腱的问题也会随之增多，甚至导致撕裂。老话说得好：在恢复训练之前，要确保

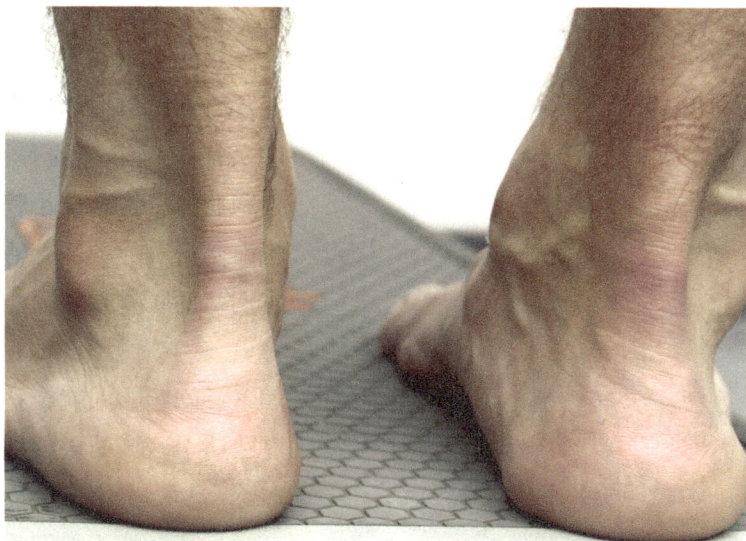

已完全伤愈。在炎症的急性期，冰敷是最好的处理方法。从长远来看，有针对性地加强小腿肌肉是防止问题进一步恶化的最佳保护。肌腱撕裂通常是由不对称的负荷造成的，而原因可能是脚放在不正确的位置，以及缩短的小腿肌肉。充分的拉伸练习和力量练习可以长期帮助肌腱减轻负荷，并避免受伤。

专业球员在受到跟腱问题的折磨时，可以依靠医生、物理治疗师和教练的整个团队，他们会携手保护球员的健康状况。业余选手往往会觉得只能孤独地对付自己的痛楚。

教练和医生最初会建议你彻底休息，直到伤势好转。如果有人敢在表面上没有受伤症状几个月后就恢复训练，肌腱

如果小腿肌肉太弱，跟腱就总是会超负荷。

拉伸练习和力量练习对于小腿和跟腱很重要。

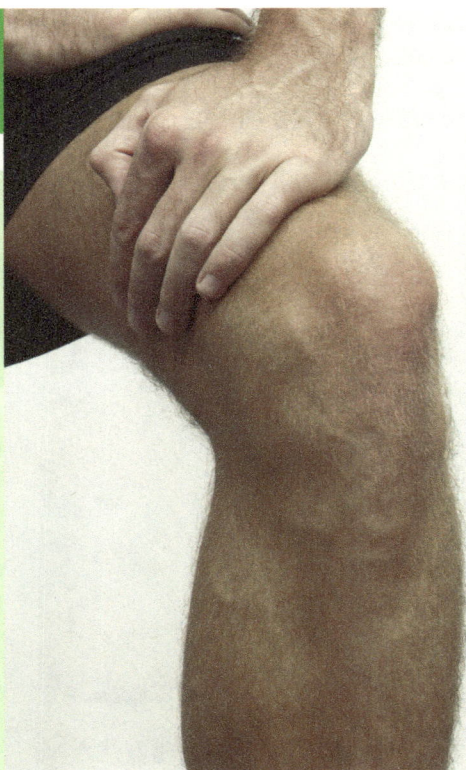

炎就会经常复发。

原因很清楚：肌腱炎不是踢足球造成的，而是由小腿肌肉不够强壮导致的。在它们得到强化之前；肌腱总是会超负荷。更糟糕的是：强制的休息将会使小腿肌肉变得更加软弱，使它们帮助肌腱减负的能力更差。曾经不得不处理这种问题的人就会知道在这个区域的炎症有多么顽固，让人生厌。有时，甚至都不敢把重心放在伤脚上。

1.3 肌肉

说到在足球运动中最容易受伤的部位，清单上的头一个就是肌肉本身。几乎三分之一的伤患都涉及肌肉。这包括由于非常高的训练负荷造成的无损伤的肌肉僵硬，还有跌打损伤和劳损，以及最终的肌肉或纤维的完全撕裂。针对所有这些伤患的最佳保护是在锻炼或比赛前进行彻底热身，以及有针对性的力量训练。

力量是各种动作的前提。与普遍的观点相反，更大更强壮的肌肉不会减慢速度。强壮的肌肉总是快速的肌肉。举重及相关类别的运动员总是优秀的短跑选手。想要提高自己的冲刺能力的人并不需要多跑；他们需要增强自己的大腿肌肉的最大力量。

训练提示

在许多体育运动中，运动员在冬季会进行强化训练并达到最大的力量。在足球运动中，将这个强化期转移到夏季会更合理。当你的队友们在休息后都需要更长的时间来恢复状态时，你就可以凭着自己更好的短跑表现给大家一个惊喜。

可以肯定，越来越多的足球运动员正在使用健身房和训练设备，但他们通常会选择比较轻的重量，并重复很多组练习。只有在以局部肌肉的耐力为主要目标时，这种做法才有意义，但局部肌肉的耐力已经是足球训练的核心要素之一。耗时的"举重"既不会增加速度、跳跃能力，也不会增强爆发力。

足球的举重训练必须达到足够的强度和重量。最大力量训练意味着不能多于也不能少于一般会接近目前体能极限的负荷，以提高这些极限。举起的重量应至少是最大重量的85％。对于这么重的重量，重复的次数要限制为至多3～5次。要举起这么重的重量，需要集中精神，而该重量加上不断增加的疲劳程度，使中枢神经系统遇到了真正的挑战。从长远来看，最大力量训练不仅可以提高速度和力量，也几乎可以让运动员根据需求发挥出最大潜力。

最大力量训练意味着有规律地提高运动员的体能极限。

足球运动员的锻炼
应该用大的重量，
并且重复次数较
少——这是重量训
练的理想方式。

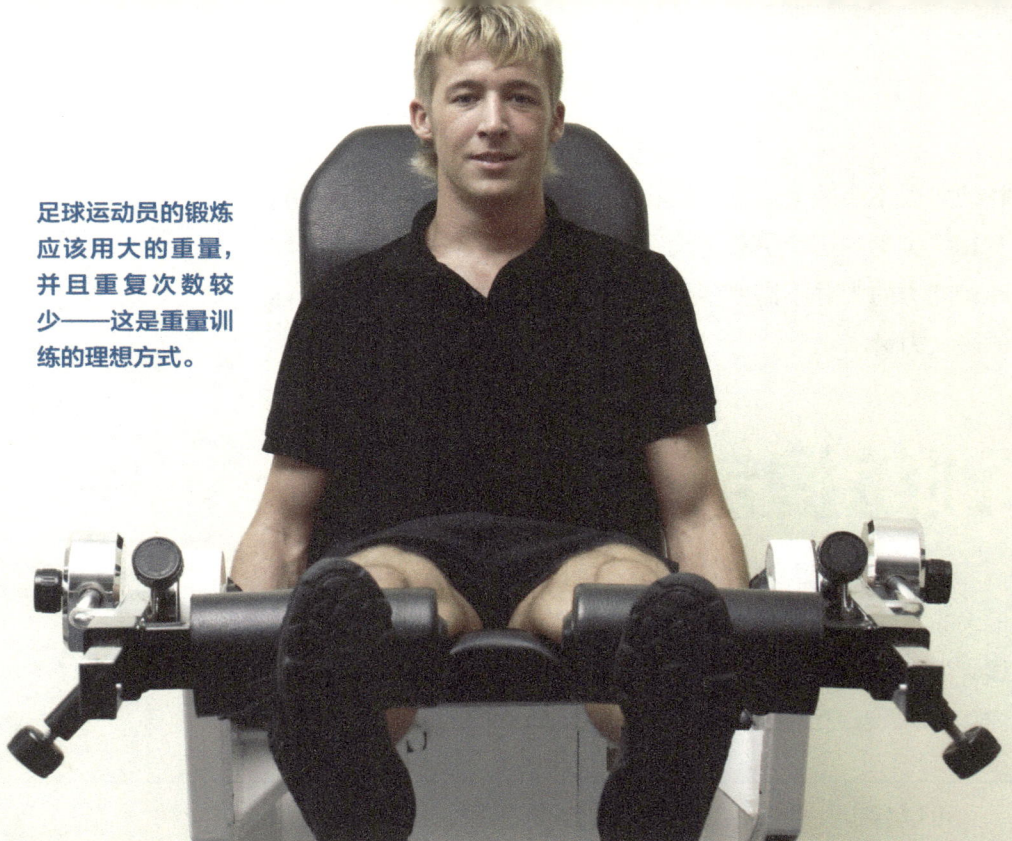

训练只在赛季中定期进行。即使这样，每周2～3次相
对较短的训练课是很不够的。只应在核心躯干肌肉足够强大
时才锻炼最大力量，这是为了在高负荷时能够稳定脊柱。在
最大力量训练之后，是稳定所获得的力量水平的阶段以及恢
复阶段。本书在后面将会更详细地介绍这一方面。

训练提示

如果不知道自己能做些什么，那么训练成果差不多就听天
由命了。因此，应该定期检查自己的最大力量。然后，可以根
据该数值计算出自己的训练重量。

1.4 深蹲

负重深蹲是力量训练所提供的最有效练习。这些练习让大腿的正面和背面都承受负荷。小腿肌肉保持静态。膝关节几乎在其整个活动范围内移动，从而加强刺激关节的每一个位置周围的结构（肌肉和肌腱）。正确执行的深蹲也代表了最自然的全身负荷。足球运动员的关键点是，腿部肌肉的功能性强化可以帮助问题区域（如膝盖和跟腱）减轻负荷。

深蹲主要影响股四头肌，臀部肌肉和在大腿背面的股二头肌（腘绳肌）也会参与。在负重深蹲的情况下，腰背部肌肉也起到一定的支撑作用，因此，在执行深蹲前，这部分肌肉也应进行热身。由于涉及多块肌肉，深蹲需要非常好的协调性，而这也是使得它如此有益的原因。

练习的效果也取决于所使用的重量。例如，如果体重75千克的运动员在深蹲时肩膀负重150千克，则他的双脚的负重共为225千克！心理优势是另一个好处。几乎没有任何其他运动可以像与杠铃对抗这么界限分明且令人兴奋。这创造了无与伦比的训练积极性和好斗情绪，这些都是自愿举起这么高负荷所必需的。

深蹲需要非常集中精神。

1.5 执行

负重深蹲有一个先决条件，就是一个稳固的杠铃架，如果可能的话，架子上配有不同的抓把位。然后用肩膀从支架上托起杠铃。为了避免压力点，在这样做的时候将双肩稍向后拉，那么杠铃的支撑区就可以尽量宽，可以减少对脊柱的压力。用发达的斜方肌或一块泡沫来垫着杠铃杆是一个好主意。用双手抓住杠铃杆，从支架后退一步。

如果在无负重的深蹲姿势时曾经有过要向后倒下的感觉，那是因为我们必须从地面抬起脚跟，那么在脚跟下垫一对杠铃片或一块木头就没问题了，这样有助于站稳。但更好的办法是，要确保小腿肌肉在开始时被拉得足够长，这样，不需要使用楔子就可以完成深蹲姿势。最好先在不使用杠铃的情况下尝试，直到自己能够有稳定的深蹲姿势。

双脚大约与肩同宽，双脚应该稍向外指，并弯曲膝盖。深蹲的深度自然取决于训练目标。如果只是想通过本练习增强跳跃的力量，可以做"四分之一蹲"。这使你可以承受巨大的负荷，因为在这个区域中的大腿肌肉可以产生很大的力量。然而，肌肉会失去全部功能，因为当大腿与地板平行时，向下运动停止。必须使用肌肉力量来停止这种向下运动。膝关节的坍下或松懈对于膝关节中的韧带以及腰背部都可能是危险的。

随后的向上运动可能为髋部和脊柱带来相当高的风险。为了减少髋部和椎间盘的负荷，要确保自己没有弓背。只能使用腿部力量将杠铃杆尽可能地推高。在整个运动过程中都要向前看。在开始时，看着镜子中的自己，这会有帮助。随着负荷的增加，肯定能感觉到身体何时到达正确的位置。更好的是，将杠铃杆托在颈部前面，使其靠在肩膀上，做前蹲起。但是，这个练习需要花费大量的时间来适应，不适合初学者。为了在练习过程中让自己站稳，建议要有保护者。在负荷非常重的情况下，必须有两名训练伙伴，杠铃的每一端各一人。

出于安全考虑，在练习过程中，训练伙伴应该充当保护者。

医学提示

特别是对于年纪较大的球员，力量训练有一个非常重要的连带作用：更多的肌肉组织也有益于身体。脂肪和葡萄糖代谢速度被提升，并且肌肉越多，越容易控制自己的体重。

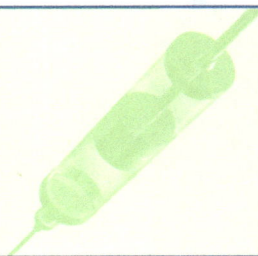

重点

肌肉功能测试

在规划有意义的力量训练计划时，必须使用所谓的肌肉功能测试来识别现有的不足之处。是否有任何肌肉缩短或过弱？主动肌和对抗肌的力量比例如何？是否有任何不对称现象、活动受限，甚至关节错位？

这些问题的答案将决定训练计划的结构和练习的选择。例如，在膝关节错位的情况下，最好首先重点加强股四头肌的特定部分，要么是从膝盖的内侧向上延伸的股内侧肌，要么是在外侧的股外侧肌。这完全取决于球员是弓形腿还是膝外翻。如果在训练过程的开始忽视这些缺陷的位置，就可能带来灾难性的后果。

但是在开始举起重物前，还必须考虑另一些潜在的严重弱点。好的教练可以使用肌肉功能测试，在几分钟内全面了解球员的肌肉骨骼系统的状况，甚至找出弱点。

这些弱点包括缩短的肌肉，原因可能是通过单侧运动模式或肌肉力量下降引起的。这意味着关节的自然活动范围将受到特定肌肉的限制。很多时候，在大多数初学者身上都可以看到这个问题，他们在下蹲时，不能将整个脚掌都保持在地上，这是小腿肌肉缩短所造成的。在自然活动范围内，很容易实现这种姿势。观察小孩子玩耍，他们可以用这种姿势蹲几个小时。

对于足球运动员而言，如果在下肢出现这种弱点，就特别值得注意。除了小腿肌肉，腘绳肌、髋部屈肌和内收肌也经常受到影响。在上身，受影响的往往是胸部和斜方肌，以及手和手腕的伸肌。

小结

- 足球是受伤率最高的几项运动之一。
- 肌肉拉伤在足球运动损伤中占了三分之一。
- 强壮的肌肉可以大幅减少受伤的风险。
- 更大的力量可以提高速度、弹跳力和爆发力。
- 足球的力量训练必须是密集且高强度的。
- 肌肉的锻炼必须始终覆盖其整个活动范围。

第2章
体能提升

肌肉太多会导致身体僵硬，缺乏柔韧性，难道这仅仅是一个荒诞的说法？是，也不是！这完全取决于进行何种训练。许多运动爱好者都发现，多年的重量训练真的会导致柔韧性丧失。但是，只有极少数的顶尖举重运动员不能轻易做个劈叉，并且即使在健身体育场馆里，现在也很难找到大腿周长确实能到达那种级别的"大块头"。

力量训练真的会使人变慢，又缺乏柔韧性？这就像问，如果我给发动机更多马力，会不会使我的车降低敏捷性？当然不会。加速度和最高速度都受益于更强的动力。

既然教练已经消除了他们对力量训练的负面印象，体能可以随时有所突破了。

几乎所有的运动项目都如此，而不仅仅是足球。既然教练已经消除了他们对力量训练的负面印象，体能可以随时有所突破了。在短跑这类运动中就相当明显，最优秀的男女运动员通常都有发达的肌肉。

但是，不要被他们欺骗。力量并不总是那么容易看到的。在低体重级别的举重选手和力量举选手中，可以发现运动员的肌肉并没有透露出其能力的任何信息。

受过训练的肌肉是否会隆起，部分是由遗传决定的，部分取决于体内的脂肪量。在任何情况下，都不应该害怕经过几次训练课后就需要把整个衣柜的衣服都换掉。如果那么容易就能加强肌肉组织，兴奋剂这个全球性问题就不会达到目前的严重程度了。

其实大家会发现，并不是那么容易正好在自己需要的位置刺激肌肉生长。

训练提示

重量训练不仅仅增加力量和肌肉组织，还会让双手长出老茧。要防止老茧的形成，最安全的办法是戴上训练手套。手套应紧密贴合，这样在举重时，它们不会打滑。

但是，如果增加的力量让人速度更快，为什么几十年来连成功的教练都不会让自己的门生去进行负重训练？

这个问题不那么容易回答。很长一段时间，教练的态度在很大程度上受到公众舆论的影响。在欧洲，力量运动的第一次大繁荣发生在19世纪末。当时的运动员被认为是怪胎，而不是运动员，他们在博览会或杂技中展示自己的力量。"真正的"运动员当然不希望出这种风头。

虽然力量在古代奥运会中占据重要地位，但在现代体育中，这一方面被忽视了很久。在科学界中也同样。在无数的研究中，耐力的各方面都已经被调查清楚，但几乎没有人知道力量的发展。体育和其他领域一样，无知一直是偏见的天然温床。

力量运动的第一批运动员被公众认为不是真正的运动员。

2.1 提升比赛表现

如今，力量被公认为是决定运动成绩的一个因素。额外的力量训练实际上是否帮助体能提升，这取决于所使用的训练计划。在任何情况下，身体都不会在锻炼过程中，而是在随后的恢复阶段中适应新的、更高的负荷。而对于绝大多数的足球运动员来说，这项运动"只是"一种业余爱好，锻炼的顺序和结构都必须精心策划。

训练提示

截至目前，普遍持有的观点是，只有定期的耐力训练有益于心血管系统。在适当的锻炼中（例如往返跑），力量训练还可以对心脏带来生理（影响功能）和形态（影响大小）的好处。

体能的持续提高就是训练的全部意义。这意味着身体对训练需求的适应，也就是增加心脏和肌肉的大小，或改善肌肉的协调性。只有当训练刺激的频率和强度迫使肌肉适应时，肌肉和力量才能实现所期望的增长。仅当训练负荷的组合、它们所造成的疲劳及随后的恢复阶段得到最佳协调时，才可以发生所谓的超量补偿效应。

为了做到这一点，身体必须能够在锻炼后重新补充其能量储备，身体在锻炼中已经失去能量潜力并变得疲劳，这种补充并非仅仅补充到起始水平，而是大大高于该水平。这就好像是身体让自己变得更强壮，为预期中更重的负荷做好准备。

这种超量补偿实际上不会持续很长时间。每一个有针对性的训练计划的秘诀就在于，在这个阶段定位下一次锻炼，从而达到一个新的超量补偿水平。

超量补偿水平取决于运动员的训练状况、年龄、性别、动机、生理和训练内容。在任何给定的体育运动中，都不可能总结出何时达到超量补偿峰值，因此，也不可能总结出所必需的训练频率。有经验的运动员往往依赖于自己的身体感觉，或者其教练的经验。

身体让自己变得更强壮，为预期中更重的负荷做好准备。

但是在一般情况下，训练理论指出，耐力的超量补偿曲线比力量的超量补偿曲线更陡。这意味着为了提高耐力表现，需要更频繁地（1周2～3次）锻炼，以培养力量。每周一次高强度的1小时锻炼，至少是休闲运动，就可以使肌肉力量有明显改善。

在任何情况下，将力量训练分摊在一周内的几次锻炼中，总是会更有效，也就是说，如果可以每周花2小时去进

精心策划的训练计划旨在达到一个新的超量补偿水平。

将力量训练分摊在一周内的几次锻炼中，总是会更有效。

行力量训练，最好做2次1小时锻炼，或者更好的是4次30分钟锻炼。然而，每次训练的时间不应该过短，以至于没有时间让肌肉疲劳。

医学提示

力量训练对身体的要求完全不同于团队运动或耐力运动。在负重训练时，血压的峰值可能会非常高。重要的是，高血压患者要先与医生讨论他们的训练计划。

2.2 恢复因素

如上所述，顶级足球运动员有一众随同人员去照顾他们的健康。但是，即使是业余球员也应该帮助自己在锻炼之间更快地恢复。要真正有效，训练计划必须考虑到在锻炼之间的最佳恢复。否则，就会有过度训练的危险，导致体能下降、更高的受伤风险以及厌恶训练等。

恢复过程有几个阶段。训练负荷或多或少地消耗体内的能量储备。这些能量储备会在恢复阶段得到补充。这个过程有一个重要的组成部分，就是分解积累的代谢物（如乳酸），使合成代谢过程可以开始的能力。为此所需的能量从肌肉的"发电站"（也就是线粒体）获得。在肌肉中的能源供应越多，恢复过程就会发生得越快。

2.3 主动还是被动

    在锻炼之后，有一系列良好的恢复方法。主动恢复方法是首选，并且理想情况下，应直接在锻炼之后就开始使用这些方法。

医学提示

    针对恢复作用的洗澡应该使用温度高于37℃的热水。这会促进向体表供应血液，并加速在训练期间积累的废物的分解。再加上促进血液循环的沐浴产品，这些对于在运动后放松身心是非常理想和有价值的。

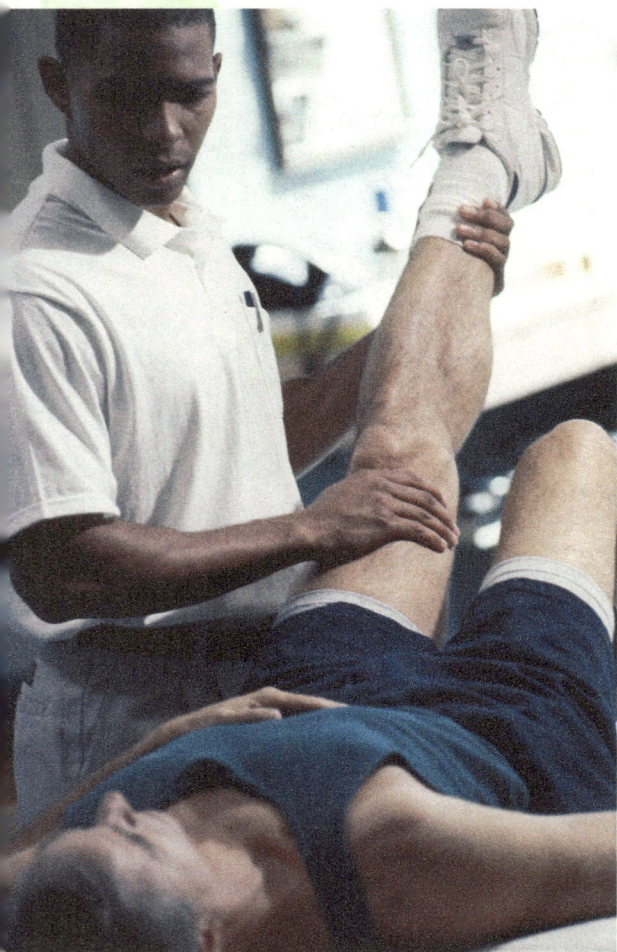

有经验的按摩师在按几下之后就可以知道哪些肌肉需要放松。

休闲类运动员也应该在高强度的锻炼后彻底放松自己的肌肉。

特别是俄罗斯的研究已表明，有意地进行低强度的体育活动可以对恢复产生非常积极的影响。神经系统被缓缓地从负载转移到恢复，废物的分解大大加快，并且能源供应的过程是逐渐恢复"正常"。特别建议温和的慢跑或拉伸运动。放松运动应持续10～20分钟，具体取决于之前的锻炼时间长度。被动式方法（如桑拿、超声或热水澡）使这个过程更加完美。在实践中，这些方法使用得极少，因为大多数业余选手没有采取任何方法来帮助运动后的恢复。这意味着尽管训练量增加，但这些球员很少获得自己所追求的成功。

对于每周超过2次或3次轻量锻炼的业余运动员来说，定期的肌肉放松非常重要，因此，至少在强化训练阶段，就应每周进行两次放松。不太昂贵的局部按摩通常就足够了，有经验的按摩师通常在按几下之后就可以说出哪些肌肉群非常紧张，需要得到优先处理。

运动按摩比理疗按摩更容易找到。两种按摩的基本技术都是抚、摩、揉捏、拍打和叩击。运动按摩也会处理关节以及肌肉。

按摩可以促进滑液的形成，从而减少骨骼磨损。增加血流量会改善皮肤的弹性，并提供更多的氧气给器官。然后，这又对碳水化合物、蛋白质和脂肪代谢产生积极的影响，甚至有利于改善胆固醇水平。代谢物更迅速地被清除，并且训练后的恢复会更快。

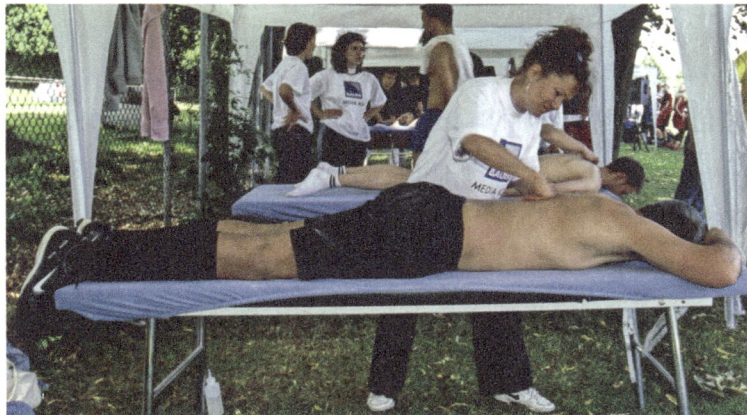

医学提示

在强化训练阶段，可能会形成肌硬化，即肌肉中可摸到的小硬块。这可能会让人感觉相当痛楚。尽管它们很小，但会影响肌肉的整体弹性。在初期阶段，通常可以用热水淋浴打散它们，但是顽固的肌硬化必须通过按摩才可以除去。

重点

是否有可能训练过度

"越多越好"这句口号并非完全正确，这只适用于以持续增大力量为目标的刺激。肌肉对低强度的训练刺激没有反应，但过度的刺激（例如训练过于频繁）也不会产生预想的效果。

肌肉必须在训练过程中受到重量的刺激才会生长。对这些刺激的反应，即肌肉的生长，只会在锻炼后的恢复阶段发生。有经验证据表明，最佳的恢复时间为24 ~ 48小时，具体取决于训练负荷和体能水平。下一次的锻炼应该在此期限内进行。

对于初学者和经验不足的球员，每周3次锻炼就足够了。只有那些有竞争野心，并具备适当体格水平的球员才应该采用更高的锻炼频率。然后，详细制订训练的拆分方式，例如，可以使用分流系统或双分流系统，在不同的锻炼中让不同的肌肉群得到训练。即使增加了锻炼频率，但每个肌肉群都能获得较长的恢复时间。在双分流系统中，再次拆分每天的锻炼，上午和下午各安排一节训练课。这样，专用于每个肌肉群的时间都会更多。在任何情况下，只有那些拥有多年健美经验的人才需要使用分流或双分流系统。

小结

- 更大的力量能让人速度更快，爆发力更强。
- 不要担心自己的肌肉变得太大。
- 在很长的一段时间内，对力量的效应都研究得太少。
- 负荷、疲劳和恢复都必须加以协调。
- 体能提升的神奇公式被称作超量补偿。
- 用主动和被动的恢复方法帮助锻炼后的身体。

第3章
优化训练
减少受伤

竞技运动员拥有单独为自己量身打造的训练计划。训练量在很大程度上是由运动员肌肉骨骼系统的载荷能力决定的。例如，不是每个人都能承受每周超过125千米的运动。

有些举重运动员没有时间在工作日训练，只能在周末做长时间的训练。这自然是不理想的情况，因为锻炼的间隔太短会导致身体过载。接下来的恢复时间又太长，所取得的任何训练效果都将会失去。

从统计学的角度来看，如果正确执行，重量训练是一种低风险的活动。

从统计学的角度来看，在健身房中的重量训练是一种相对低风险的活动。但是，如果举重动作不正确，风险就会大大增加。参加训练的人必须确定有可能带来的好处是否大于潜在的风险。

完全不做运动的人所冒的风险远高于用杠铃杆、杠铃片和重量训练机进行锻炼而可能造成的健康损害。由于缺少运动和压力所导致的心脏病发作与肌腱炎的发作很难有可比性。适度的重量训练所造成相对较少的受伤，几乎都是因为热身不足、训练时注意力不集中，或者没有正确执行举重动作造成的。

适当的热身，例如，在跑步机上跑步，可以防止受伤。

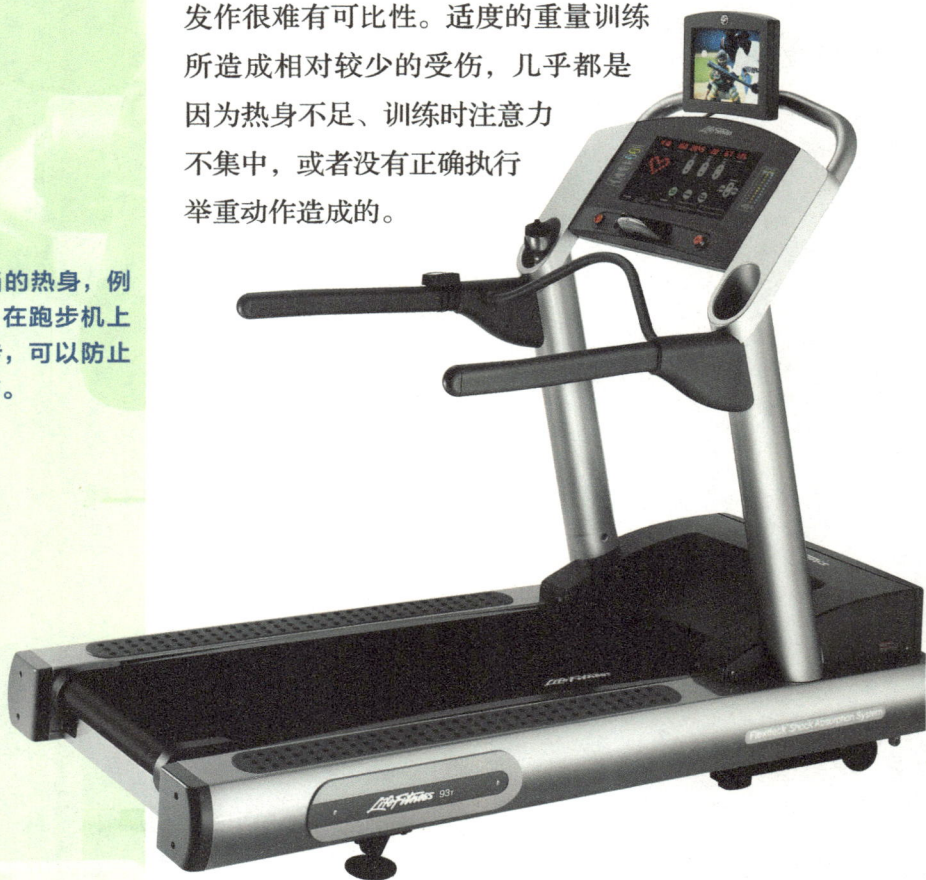

3.1 失衡

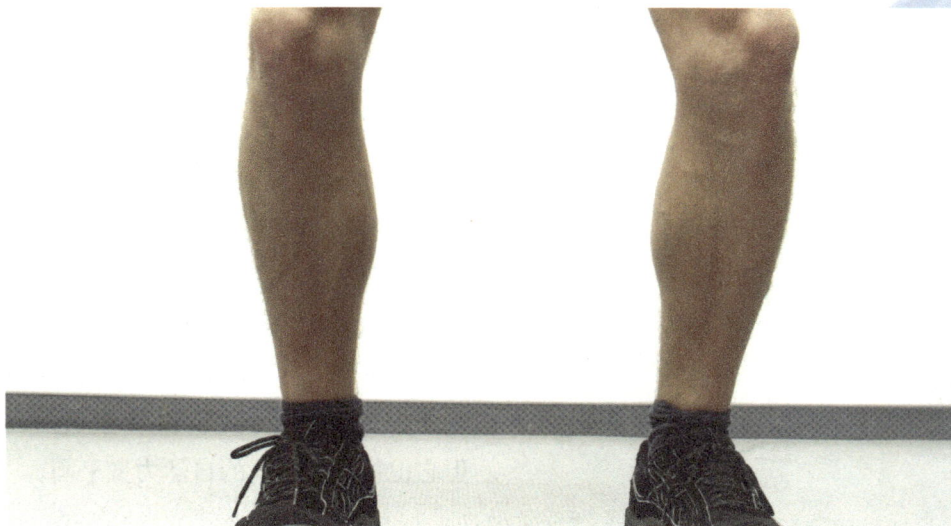

除了急性外来因素引起的损伤，关节错位（如膝外翻和弓形腿）和非对称力量发展都使人体受伤的可能性更高。这些所谓的肌肉失衡并非偶然发生的，通常也不是遗传性的，而是后天形成的。单侧负荷和超负荷是这种现象的原因，在最严重的情况下，运动生涯从此告终。在许多用球拍的运动和团队运动中，通常多年都单侧地使用其中一条腿或投掷臂。其后果涉及面很广，可能会影响关节、脊椎、肌肉、韧带或肌腱。足球的力量训练还有一个重要目标，就是要强化在比赛中被完全忽略的结构，使一些肌肉比另一些肌肉更发达。通过有针对性的重量训练可以强化这些较弱的肌肉，但如果停止训练，它们就会再次消失。如果肌肉在一段时间内未得到充分利用，就会萎缩，并且再也不能以其最佳状态工作。其工作主要包括，让关节可以在完整的活动范围内移

如弓形腿等关节错位的情况使人体更容易受伤。

足球的力量训练针对在比赛过程中被忽略的结构。

动，从而移动和保护关节。肌肉的状态越差，对相应关节的保护就越少。如果主动肌和对抗肌之间也存在不平衡，那么，一节训练课也很容易产生严重的后果。

但即使是重量训练本身也可能造成非对称的肌肉生长，比如，训练集中于特定的肌肉群和少数运动。年轻人尤其喜欢专心做卧推和肱二头肌练习，因而忽略了身体的其他部位。尽管这确实会练出令人印象深刻的体格，但它也扰乱了身体的自然力量平衡。

避免非对称的肌肉生长。例如，在训练肱二头肌时，不要忽视肱三头肌。

训练提示

举重带通过增大在腹部和腰背部上的压力，为这些区域带来机械稳定性。在压缩力沿身体的长轴或跨其对角线作用的那些练习中（特别是对于深蹲），还有肩部和颈部的练习（如斜卧推练习），建议使用举重带。

3.2 失衡的纠正措施

要使被忽视的肌肉与不成比例发育的肌肉达到同一水平，这需要时间和耐心，但它是值得的。如果差异特别大，首先着眼于锻炼较弱的肌肉，并只是拉伸较强壮的肌肉，这会是一个不错的思路。但谈何容易。例如，如果右腿比左腿的要强壮得多，并且肌肉更发达，右腿就会主导几乎所有的双腿练习，如深蹲。这样的结果是，右腿变得越来越强壮，但在同一时间，右腿的关节也更加用力。这是毫无意义的，更有益的方案是使用股四头肌训练器和蹬腿升降架，使每条腿都可以单独练习。

3.3 设定目标

每周两次举重并不会让人成为一个举重运动员。你仍然是一名足球运动员，只是用重量训练来补充自己原来的训练。因此，必须尽可能有效和有益地利用重量训练专用的少量空闲时间。为此，必须从一开始就设定具体的目标，并且有可能的话，确定实现这些目标的时限。

在足球训练中投入的时间越长，需要权衡的问题越大。应该只在无比

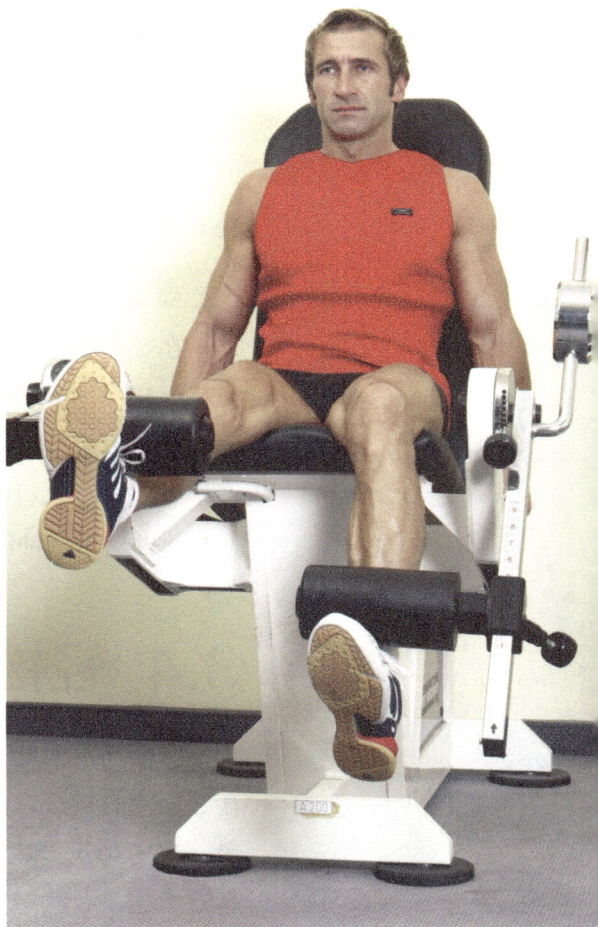

可以让每条腿单独练习的机器有助于避免非对称的肌肉生长。

赛期内定期进行高强度的最大力量训练。腿部训练尤其如此。我们不可能期望在完成接近最大重量的深蹲之后一两个小时就能在球场上冲刺。承受了重负荷的肌肉需要绝对休息，以再生并增强力量。如果不允许自己休息，就会实现完全相反的结果。

医学提示

必须不时地让肌肉和肌腱有机会完全再生。每一个完整的训练周期后，休息几天，并且每年至少一次让自己停止举重两三周，但无须完全不做任何运动。

在赛季中，重量训练的目的是不同的。在这段时间，重点是保持在休赛期所实现的更高力量级别。肌肉没有变得更强壮；它们只是没有变得更弱。幸运的是，维持性训练并不像增肌训练那么艰巨。应该仍然保持一定量的肌肉刺激，总之规律性对于每种训练来说都是重要的事情。

3.4 轻松开始

身体基本上是一个懒鬼，喜欢居家生活的种种享受。应让它面对有挑战性的任务。例如，用以前可以举起8次的重量，重复10次。这样一来，在下一次花较少的力气就可以举起这个重量。其原因正是在前一章所介绍的超量补偿现象。

不幸的是，这个过程也有其上限，且相对比较低。很快，杠铃上每多一千克，肌肉都会很艰难才举得起来。

肌肉越强壮，就越难以取得进步。

医学提示

试图举起重物时，总是会有屏住呼吸或刻意不呼气的危险。在极端情况下，这会在胸部区域中产生高压，使血液停止流向心脏。因此，应该专注于自己的呼吸，避免憋气。

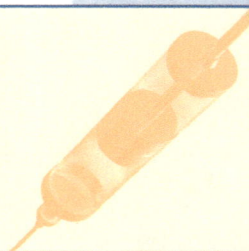

3.5 训练计划

初学者会在最初的几周里发现，自己的力量似乎令人难以置信地迅速增大。但是，随着力量的增加的速度开始减慢，他们很快就回到现实，他们在做仰卧推举时会突然开始感到肩膀和肘部出现让人难受的刺痛。这一阶段会决定他们与重量训练的关系只是短暂的"调情"，还是会更持久。许多人在最初的几个星期后就放弃了。不切实际的期望、过度训练，以及由此产生的疼痛，都是有些人突然放弃的原因。

有经验的教练和精心策划的训练方案，是确保与重量训练保持成功和持久关系的最佳途径，而持久正是最重要的。快速力量增长使得许多初学者容易过度训练，而这种增长的原因只是身体开始习惯举重。执行举重的肌肉在这么短的时间内并没有真正变得更强壮；它们只是开始更好地合作。一旦掌握了举重的窍门，力量的快速增长就会马上消失。但是，只有这个阶段结束后，真正的重量训练才可以开始。

只能通过增加肌肉体积，并让尽可能多的肌肉纤维在同一时间参与运动，才能真正增加力量。增大肌肉的最佳方法是负重（约75%的最大力量）锻炼，并重复8～12次。

训练提示

每一组的持续时间比重复的次数更重要。10次卧推可以在25秒内完成，也可以花45秒。在后一种情况下，张力刺激的持续时间较长，而重点在于锻炼慢缩肌纤维。在第一种情况下，运动是爆发性的，可以培养速度力量和最大力量，以及促进快缩肌纤维的生长。

肌肉被训练得越好，它就可以越具体地控制举重所必需的肌纤维数量。与未受过训练的肌肉相比，在低负荷到平均负荷的范围内，经过训练的肌肉中活跃的纤维较少，从而节省其储备。在高负荷到最大负荷的范围内，它可以在接近"冷"状态下调动高达95%的纤维。未经训练的人即使在搬抬重物时也只能勉强调动肌肉中一半的纤维。最大力量训练的主要目的是使这些内部储备可用。

3.6 多样性

重量训练需要有一个年度计划，就像足球训练那样。最大力量训练和维持性训练是重量训练的两种形式。

第三个重要的形式是次最大肌肉的增肌训练。在最大区域和次最大区域之间交替训练意味着，两种力量组成部分都是相互发展的，从而更容易克服力量增长中的停滞。

此外，不同的重量训练方法的效果会相互补充，因为肌肉包含众多不同的结构，分别响应完全不同的负荷。例如，"白"肌纤维（快缩肌纤维）喜欢爆发式负荷，而"红"肌纤维（慢缩肌纤维）更喜欢有规律的、较舒服的节奏。

让训练计划尽可能多样化，有助于对这些不同的肌肉元素保持挑战性，促使它们进一步适应。下面各章节阐述了如何在全年中安排训练，并将之划分成不同的练习。

由一位有经验的教练提供支持，这是确保自己不要放弃重量训练的最佳方式。

多样化的训练计划为肌肉的不同部位提供持续的挑战。

重点

肌肉酸痛

在举起不熟悉的负荷之后的肌肉酸痛，是我们以前都遇到过的情况，甚至完全不做运动的那些人也曾有过这种体会。它通常是由拉长（离心或被动的）肌肉活动引起的，如同跑下坡路或放下一个重物的活动。深蹲后，因此而受影响的经常是臀部和大腿背面的肌肉（股二头肌等），但大部分的提升是由在大腿正面的肌肉（股四头肌）完成的。在卧推的情况下，通常是胸部肌肉受影响，但这里大部分的上举实际上是由手臂和肩部肌肉完成的。

有一种说法坚持认为肌肉酸痛的原因是在肌肉中堆积了乳酸，这种关于乳酸的假设是站不住脚的，因为这将意味着，会受到影响的是执行大部分提升工作的肌肉，而不是承受离心负荷的肌肉，后者没怎么干活，并因此积累较少乳酸。还有一个事实也是反驳该假设的证据，通常在导致肌肉酸痛的活动完成一段时间后才会有酸痛感，而乳酸水平则是在最高强度的活动时达到其峰值。如今，肌肉僵硬通常归因于微小肌纤维撕裂，这在几天之后就可以恢复。

不习惯锻炼的人有时觉得很难分辨出肌肉酸痛和肌肉撕裂。如果几天后疼痛都没有明显好转，问题通常是肌肉撕裂。如果是肌肉酸痛，不要继续正常训练；像放松的慢跑等低强度活动可以帮助你快速缓解疼痛。

小结

- 如果动作正确，重量训练的受伤风险较低。
- 非对称负荷和超负荷可能导致肌肉失衡。
- 初学者往往高估自己的能力。
- 高强度的最大力量训练阶段只应安排在休赛期。
- 越强壮，就越难取得进步。
- 训练较少的人甚至在极端用力的时候才勉强可以激活一半的肌肉纤维。

第 4 章
在家中完成短时练习

增大肌肉组织不一定会非常耗时。重要的是训练刺激的最优安排。定期最大力量测试有助于确定在任一时刻所需要的训练重量。在家里也可以很容易地完成一些必要的肌肉强化锻炼。

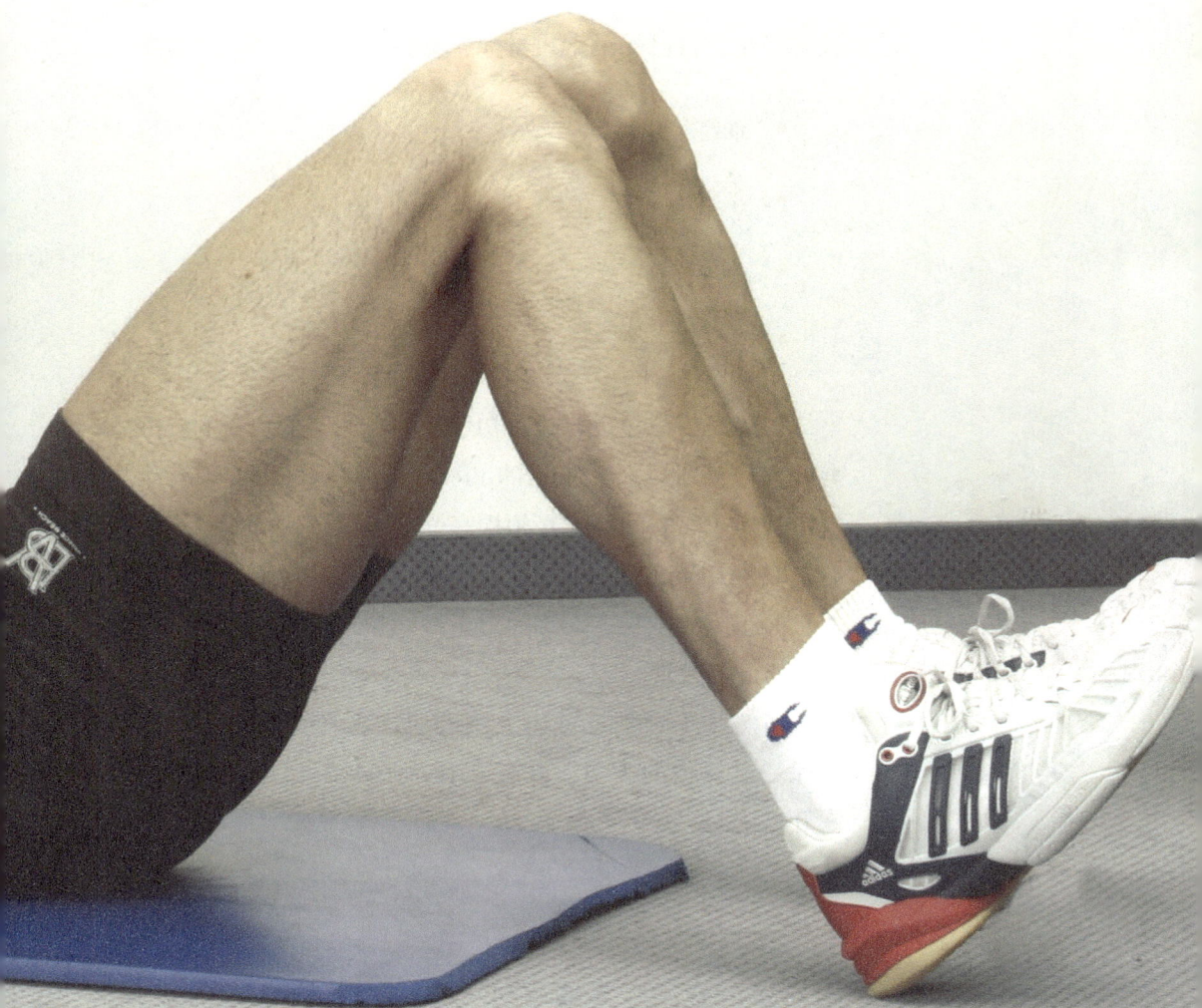

为了充分利用重量训练，必须确立每次练习的最佳表现。这个最大力量可以有助于更有效地组织自己的锻炼。以下久经考验的指导方针有助于你选择正确的训练重量。

低负荷被认为是最大重量的30％~50％；轻量则为50％~60％的最大重量；平均重量是60％~75％的最大重量；而75％~85％的最大重量被认为是次最大重量。高于该比例的任何重量都属于最大重量训练的范围。训练时应该有多接近自己的最大重量呢？具体取决于以下几个因素。

- 训练经历。

- 年龄。

- 身体状况。

- 个人目标。

训练经历是很重要的。初学者的身体对低负荷的挑战就会有反应，所以最大重量的40％~50％就足以实现持续力量增长。一段时间后，必须提高强度，以提高体能水平。然后，以最大重量的75％~85％训练，以专门针对仍存在不足的肌肉组织的生长。训练的重量必须越来越重，才可以提高自己的最大力量。

当然，不必刻意练出大块的肌肉。在赛季中，可以继续保持已获得的力量，并且在赛季后不需要花太大的力气恢复。

为了保持力量，必须逐渐增加所举起的重量。

4.1 最大力量测试

为了始终确保可以举起正确的重量，一定要每6个星期左右进行一次最大力量测试。由于这些测试对于关节和韧带是非常繁重的，初学者应该在完成了一年的定期训练后才做这些测试。只有到那个时候，支持这么沉重的负荷所需的肌肉才得到充分增长。16岁以下的年轻人则完全不应该尝试这种测试。

在设定训练目标之前，先做几次最大力量测试，以确定到底可以做什么。

重要的是，在进行最大力量测试之前始终要先完成肌肉热身。用轻的重量热身，然后每一次增加适量负荷，直至达到自己目前的上限。每次增加负荷后，重复3次练习。这样做的目的只是为了感受一下重量，并不是要花费太多的能量。最大力量测试总是单独的锻炼。在正常的训练后马上测试腿部肌肉力量是没有任何意义的。

如果在使出最大力气和使用正确的技术的情况下能够负重120千克深蹲，那么可以计算出以下的深蹲训练负重值。

- 最多45千克：肌肉耐力（更经济地使用局部代谢过程）。

- 90～100千克：肌肉生长（建立新的肌肉组织）。

- 100～120千克：改善神经和肌肉的协调（最大力量训练）。

即使空闲时间有限，我们仍可以有效地进行重量训练。

给自己买一本日常训练日志，在里面记下所有的最大力量测试结果。只有在一直保留记录的情况下才可以规划自己的训练。

4.2　短时练习

你对足球很有激情，但家庭和工作也需要时间。你可能很难在每周足球训练之外还找到时间进行每周2～3次的重量训练。短时练习是这个问题的一种解决办法，它最初可以有助于增强力量，之后可以有助于保持力量。这种短时练习也可以在家中进行。只需要一张训练长凳和一组哑铃就够了。这不仅省钱，还省下了往返健身房的时间。

医学提示

由于身体每10年失去大约10%的肌肉组织，定期的重量训练会为年纪较大的球员提供好处，它可以帮助减少被动肌肉骨骼系统受伤的风险。尽可能经常做哑铃练习，以减少与年龄相关的肌肉损失。

短时"居家"计划很难确定自己的最大力量目标，因为大多数练习都无法提供。但它可以用哑铃练习来完成。作为初学者，选择自己最大力量的50%左右的重量。如果已经有重量训练的经验，可以选择60%～75%的最大力量。

短时练习大约需要45分钟，包括热身和放松。每周完成两次短时练习，两次之间需要相隔几天。

4.3 热身

在开始锻炼时，必须让所有的肌肉群热身，使循环和肌肉骨骼系统为即将进行的训练计划做好准备。

最适合的热身练习应调动尽可能多的肌肉，例如，在原地跑一两分钟。

膝盖抬得越高，锻炼难度越大。双脚落地时尽可能轻，这样就不会让关节不适当的过载。如果脚踝或膝关节有问题，可以买一个小型蹦床在热身阶段中使用。

然后做几个动态放松练习。这些练习是没有限制的。只要让尽可能多的肌肉运动起来就可以了。但是要避免静态的拉伸。

或者，可以做开合跳、侧弯等从足球训练热身中学会的练习。这将在几分钟内让自己准备好做重量训练。

原地跑是在家中完成短时练习的良好热身方法。

练习

腿部

深蹲

1 双脚分立，约与肩同宽，脚趾稍向外指。双臂向前平伸。身体慢慢下移，进入深蹲姿势，直到大腿与地面大致平行。在这样做时，上半身尽量保持挺直，不要弓背。

1

2

2 重新站起来，保持上身挺直。在向上移动的过程中，有意识地收缩臀部肌肉。在缓慢且专注地进行时，才能让这个练习实现最好的效果。

由于有大量的肌肉块在移动，即使只有自己的体重，深蹲也是最有效的力量训练之一。为了让练习有变化，可以用单腿完成，在这种情况下，应该抓住像门把手这样的东西，以保持稳定性。

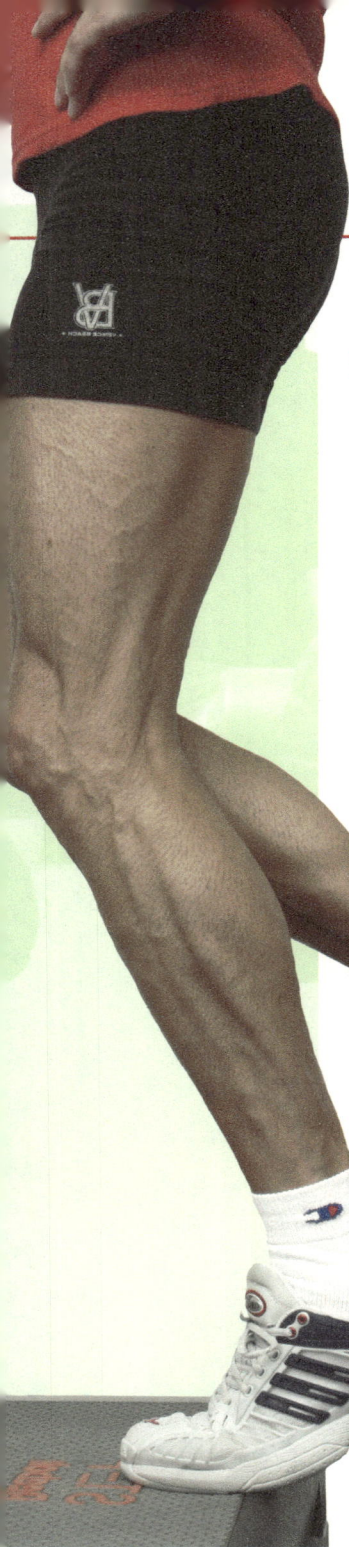

提踵

　　日常的生活中经常会大量使用小腿，在足球比赛中尤其如此，但小腿早已适应了这种情况。增加其力量所需要的是高强度的训练刺激。小腿有非常结实的肌肉，正确接受训练时，它们可以轻松地移动几十千克的重物。

　　显然，家里没有这种重物可用。但我们自己的体重就足以向小腿的肌肉纤维提供新的刺激。唯一需要的设备就像是一个平面，比如，台阶或楼梯，可以将脚趾尖放在上面。楼梯的好处是有栏杆，可以抓住栏杆以保持平衡。

　　脚趾尖放在台阶的边缘上，使脚跟可以自由地上下移动。将脚跟向上推，在这个过程中有意识地收缩小腿肌肉，然后放下脚跟，再次回到起始位置。

　　如果小腿肌肉已经非常强壮，可以用单腿进行练习。

背部

背部伸肌训练

1 四肢着地，保持双膝在臀部下面，并且双手在肩膀下面。从这个位置，向前伸直左臂，向后伸直右腿，指尖指向前方，脚跟指向后方。这个动作会收紧背部、臀部和腹部的肌肉。保持这个姿势约10秒，然后恢复四肢着地的姿势。

2 换边。现在，向前伸直右臂，向后伸直左腿。伸展颈部并向下看。努力保持平衡。保持这个姿势约10秒，然后恢复起始姿势。

简易引体向上

　　背部包含复杂的肌肉网络。这些背部肌肉稳定脊柱并抵消重力，因此，我们能够直立。足球运动员往往会有很明显的肌肉失衡，这容易对上半身造成伤害。虽然大腿肌肉往往训练有素，但肩部和背部的肌肉通常训练得少一些。这种肌肉失衡可能会导致脊柱弯曲和腰酸。

　　背部伸肌和负责稳定肩部的肌肉通常特别容易被忽略。针对这些区域的最有效练习之一是引体向上。如果家里的后院有地毯晾晒架，就可以在家里做引体向上。双手握住横杆，与肩同宽，手指在上面。呼气，同时慢慢地、小心地将身体向上拉。在最后的位置时，胸部应与横杆持平。

　　由于大多数人没有地毯晾晒架，我们可以在家里做一个简单的结构，用于训练一样的肌肉。将哑铃架或结实的扫帚柄放在背对背的两把椅子上。躺在两把椅子之间的地面上，抓住横杆。弯曲手臂，两只前臂保持彼此平行。将自己的上半身拉向横杆。在这样做时，有意识地让两块肩胛骨向彼此移动。然后降低上半身，回落到地板上。在做这个练习时，把它当作是背部的运动，而不是手臂的运动，但双臂是自然参与其中的。

　　这个练习比"真正的"引体向上容易一点，因为不必拉起整个身体的重量。然而，它让背部伸肌和稳定整个肩胛带的肌肉得到了足够好的锻炼。

胸部

俯卧撑

1 将双手放在地上，比肩略宽。用脚趾尖支撑，双脚与臀部同宽。收紧腹部、臀部和背部肌肉，以稳定自己的核心。

2 同时弯曲双臂，直到上臂与上半身平行。然后伸直双臂，回到起始位置。如果还不够强壮，也可以弯曲膝关节，将它们放在地板上。

卧推

如果有一张水平板凳和一组哑铃，就可以进行卧推练习。

1　仰躺在板凳上，双手各持一个哑铃。双臂向上与肩同宽，保持双臂向上伸直。双膝弯曲并提高双脚，这样可以分担对腰背部的压力。

1

2　向着胸部小心地降低哑铃。然后流畅地将哑铃向上推。在上推哑铃时不要凹起背部，而是把自己的腰背部推向板凳。

2

飞鸟式

1 仰躺在水平板凳上，双手各持一个哑铃。抬起双臂，但不要锁定肘部。双手的手掌彼此相对。双膝弯曲，交叉双脚。

1

2 向两侧放下哑铃，直到感觉到胸部肌肉受到明显的拉力。然后，再次把双臂并起来。在整个移动过程中，保持双肘稍微弯曲。

2

腹部

屈膝仰卧起坐

屈膝仰卧起坐是腹部锻炼中的第一个练习。仰躺在地板上或垫子上，双手放在太阳穴位置。弯曲双膝，并且脚后跟紧贴地面，（同时）稍推向臀部。这样做可以避免使有力的髋部屈肌参与动作，这些肌肉连接上半身和跨过髋关节的躯干。

在呼气时，弯起上半身，让脊椎依次离开地面。看向斜前方，不要将下巴推向胸部。始终保持头部放松；训练的是腹部，而不是脖子！

现在，放下上半身，让脊椎依次回落到地板上，但不能让头或肩膀碰到垫子。在整个练习期间保持腹部收紧。

反向仰卧起坐

正常的仰卧起坐主要锻炼肚脐以上的区域，这个练习则锻炼它下面的肌肉。

仰躺在地板上或垫子上。抬起双腿，双膝弯曲，大约呈直角，那么，小腿现在平行于地面。在呼气时，使用下腹部肌肉的力量，将臀部稍稍抬离地板。然后，在吸气时，让骨盆回到地板。

可以让头搁在地板上，双臂向身体两侧伸展。增加练习难度的做法是，头抬离地面，双手放在太阳穴位置。

扭身仰卧起坐

虽然腹斜肌也积极参与平直的腹部肌肉的练习，但它仍需要进一步的锻炼。足球运动员尤其应当如此，因为在盘带和铲球时，要做出大量的旋转运动，所以在这个区域需要很好的力量和稳定性。

该练习的起始姿势与正常的屈膝仰卧起坐一样。双手放在太阳穴的旁边，弯曲双膝，脚跟放在地板上。呼气时，上半身弯起，离开地面，然后扭转到一侧，在结束姿势中，左肘指向右膝盖。

然后在吸气时让上半身再次回到中心，头或肩膀不要接触地面。呼气时，将上半身扭转到另一侧。

短时练习概述

重复动作：最小的力量训练单位。

组或系列：重复动作的顺序；在传统的重量训练中，每次练习进行几组运动，每组之间有短暂的休息时间。

运动量：一组中的重复次数、组数以及每周的锻炼次数。

热身

练习	时间
跑步、迷你蹦床上做开合跳、在健身自行车上骑车等	10分钟

腿部

练习	重复次数	组数
双腿深蹲	25	2
单腿深蹲	8 ~ 12	3
提踵	15 ~ 25	3

背部

练习	重复次数	组数
背部伸肌训练	8 ~ 10	3
简易引体向上	8 ~ 12	3

胸部

练习	重复次数	组数
俯卧撑	15 ~ 25	3 ~ 5
卧推	12 ~ 15	3 ~ 5
飞鸟式	10 ~ 15	2

腹部

练习	重复次数	组数
屈膝仰卧起坐	尽可能多	3
反向仰卧起坐	尽可能多	3
扭身仰卧起坐	尽可能多	2

放松

练习	时间
慢跑	10分钟

第5章

在健身房中的
力量训练

针对足球的系统性力量训练的目标并不是要改变体格，或者只是获得纯粹的力量。其目标是针对在处理球和应付对手时会遇到的负荷提供最佳准备。然而，它与其他力量训练计划的核心领域仍然是不同的，因为足球运动员也需要对上半身和腿部进行大量的锻炼。

5.1 足球运动的肌肉训练

腿部自然需要特别注意，尤其是在脆弱的膝关节周围的肌肉和小腿肌肉。膝关节虽然有强壮的股四头肌保护，但也可能吸收不利的负荷。对跟腱问题的最佳保护同样是强壮、柔韧的小腿肌肉。因此，强壮的肌肉有助于防止潜在的伤病。此外，增加腿部和臀部的力量总是会带来更大的爆发力和速度力量。

上身训练的目的首先稳定躯干肌肉，并给予双臂一定的关注。腹部、背部和臀部的肌肉负责躯干的稳定性。如果不希望下次与对方球队的球员对撞时被撞倒，还应该加强起稳定作用的肩部肌肉。在每次冲刺和跳跃时，上身力量还可以支持腿部的动作。在铲球时，适当的上身力量还可以弥补技术上的不足。

概述

肌肉群	在足球运动中的功能
腿部	提高冲刺能力和速度力量、提高跳跃和射门的力量、保护膝盖和脚踝
背部/腹部	稳定躯干、保持铲球姿势、提高移动能力
肩部/颈部	改善头球动作
双臂	支持冲刺和跳跃动作

5.2 练习

腿部

腿部伸展

这个练习使人们可以有意识地锻炼在膝盖周围的股四头肌。如果可以选择在健身房练习，请使用可以让每条腿进行单独训练的器械。

双脚分开，与肩同宽。确保双膝的背面都靠在膝垫上。背部紧贴椅背，小心地抬起脚。可以通过稍微改变脚的位置来控制练习效果。

腿弯举

　　这个练习锻炼大腿的背部——腘绳肌。在大型健身房中，通常有多种器械可供使用。不时更换器械。不要只是为了能举起更重的重量就缩短移动范围。缩短的腘绳肌会降低跑步速度，并且对于膝关节也可能是危险的。

1　躺在垫子上，双腿分开，与髋部同宽。请确保膝盖在垫子外面。

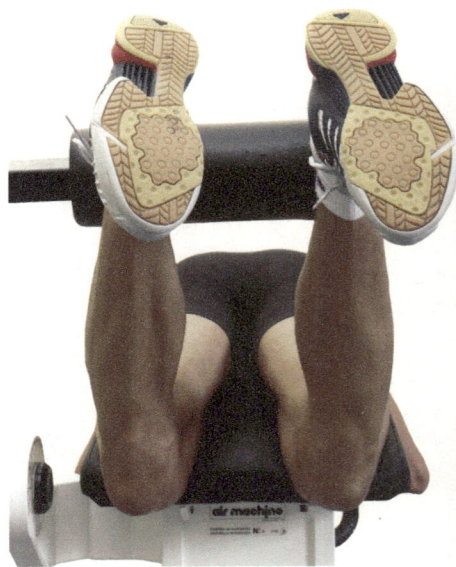

2　现在，将脚后跟拉向臀部，使小腿绕着膝关节发生移动。

1

2

深蹲

从架子上将杠铃拿下来，肩膀微微向后拉，使杠铃杆靠在斜方肌上，而不是靠在脊柱颈段上。后退一步。现在，双脚应分开，约与肩同宽，脚趾指向外。

1—2 小心地向下移动，呈深蹲姿势，直到大腿与地面平行。然后再站起来，保持上身挺直。需要有很好的柔韧性才能够正确地执行动作。在练习中，任何情况下都不应该弓背。

如果在空中争球时总是落败，并且已经有一年的重量训练经验，就要在训练计划中包括四分之一蹲。这需要在大腿与地面平行之前停止向下运动，并让我们可以举起更大的重量。该练习可以提高跳跃能力。

内收肌

这台器械上只可能犯一个错误：增加重量太快。其他肌肉也许是可以不休息，但对于内收肌群则要有强制性的长时间休息。在这个区域的撕裂会让人非常不愉快且非常痛苦。所以，慢慢来。

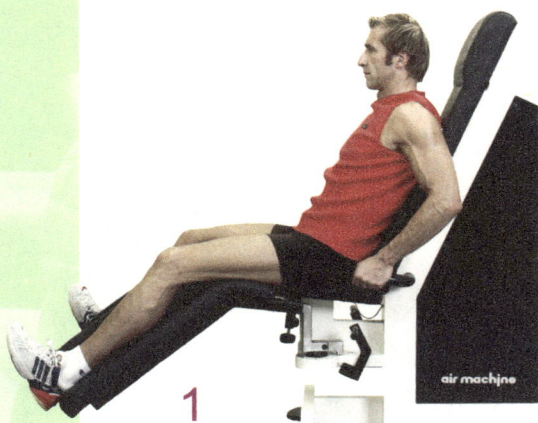

1 坐在器械上，将腰背部压在靠背上。将脚趾拉向自己。

1

2 现在小心地并拢双腿。确保是大腿内侧肌肉在发起移动。

2

外展肌

大腿的内侧肌肉和外侧肌肉不仅负责打开和闭合双腿，在步行和跑步的时候，它们也要稳定骨盆，并负责髋关节的移动。

坐直，背部压着靠背。闭合双腿，垫子压在腿的外侧。现在，尽可能宽地打开双腿。然后小心地把双腿重新并拢在一起，但不要让大腿相互接触。保持肌肉收缩。

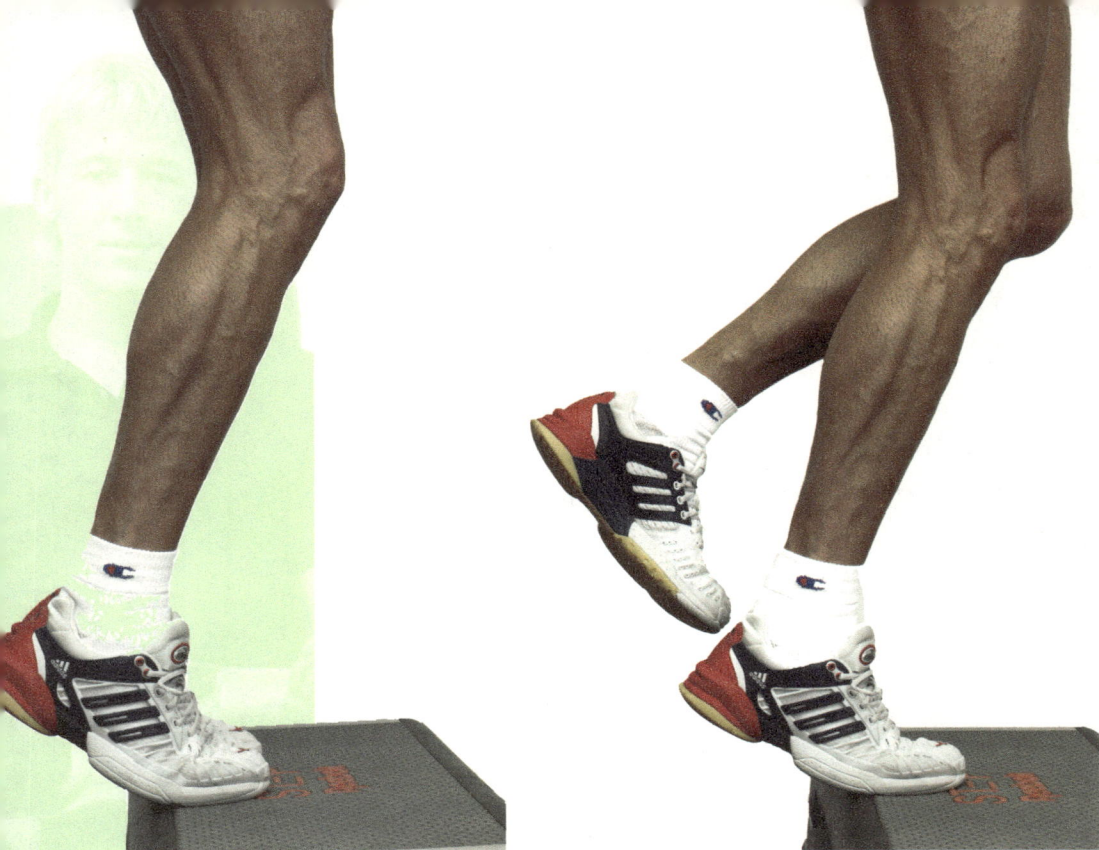

提踵

　　站在踏步机或台阶的边缘，使得只有跖球搁在它上面，并且脚跟可以随意上下移动。向上推脚后跟，并有意识地收缩小腿肌肉。然后小心地放下脚后跟，回落到起始位置。也可以抓住杠铃，以帮助自己保持平衡。

　　如果小腿肌肉已经非常强壮，也可以每条腿单独做练习。

腿后踢

该练习锻炼臀大肌和大腿后部肌肉。在追着球冲刺时,强壮的臀部可以提供推力。

上半身趴在软垫上,双手握住前面的把手,并把双脚放在身后的脚垫上。收缩臀部肌肉,用力但小心地向后推动脚板。膝盖处的角度在整个练习中保持不变,因为动力来自臀部。

该练习可以用单腿或双腿进行。用单腿练习时,可以更好地将精力集中在接受训练的肌肉上。

背部

拉力器下拉

1 坐直，在座位上稍微凹背，双脚牢牢放在膝垫下。双臂伸直向上并抓住杠铃杆。

2 向自己的后颈拉下重量，同时两侧肩胛骨向下朝着彼此移动。锁紧手腕。该练习锻炼的应该是背部，而不是双臂。然后小心地让杠铃杆返回起始位置。

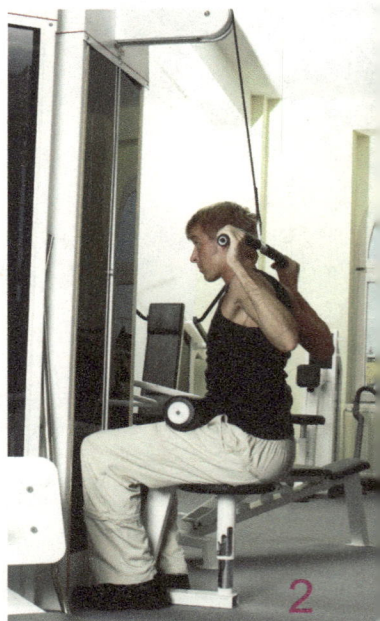

1   2

山羊挺身

1 调好设备，使双腿可以舒适地放在垫子上，将整个上身伸出设备顶部。收缩上半身的肌肉，双臂交叉于胸前。

2 弯曲腰背部，将上半身慢慢地、小心地向下移动。只要上身与地面平行，就停顿片刻，然后将上身重新抬起来。如果脊柱没有任何问题，可以尝试超越水平位置，进一步降低上半身。

可以将双手放在太阳穴位置，而不是双臂交叉于胸前，从而增加练习的强度。

坐姿划船

1 确保上半身刚好压在垫子上，并且稍稍凹背。向后推臀部，向前推胸部，向下向后拉肩膀。

2 呼气时，将重物拉向身体，在这样做时，肩胛骨向着彼此移动。在拉的时候，上半身向后倾斜。在使用非常大的重量时，要尽量保持自己的呼吸节奏。

胸部

卧推

1 仰躺在一张水平板凳上，抓住杠铃杆，双手距离比肩宽。弯曲双膝，以减轻背部的负担。小心地把杠铃拿下来，至胸部的上方。

2 流畅地将杠铃向上推。在杠铃杆达到最高点的时候，不要凹背。

斜卧推

该练习与卧推都锻炼相同的肌肉——胸肌，但由于采用不同的角度，该练习也使锁骨区域的肌肉更结实。倾斜角度也可以扩大运动范围。

1

1 如同卧推那样，双手握住杠铃杆，距离比肩宽，然后将杠铃杆拿下来，至胸部上方。锁紧手腕。

2　小心地将杠铃向上推。头部应该继续放在长板凳上。

3　将杠铃推到最高点，不要锁定肘部。然后小心地将杠铃杆重新下降至胸部。在这个练习中，要避免凹背。

肩部

三角肌侧平举

该练习针对肩部肌肉中容易被忽视的侧面和后部区域。重要的是，拇指要指向斜下方。如果拇指向上，就会变成锻炼前肩的肌肉。

1 站直，双脚与髋同宽。请确保自己在练习过程中没有耸肩。

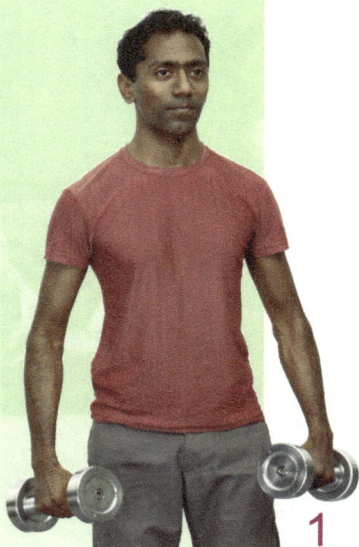

2 向两侧抬起双臂，直到它们与地面平行。不要让它们高于这个平行线。

前倾三角肌侧平举

在重量训练中，肩膀的背面是最容易被忽视的肌肉群之一。如果肩膀的其他部位变得更强壮，而后面的部分没有一起增强，肩部就肯定会出现问题。

1 握哑铃，并后退一步。双手的掌心应该彼此相对。上身稍向前倾。确保上半身在整个移动过程中保持非常稳定。

2 抬起稍微弯曲的上臂，并在同一时刻将两侧肩胛骨拉向中间。在最高的位置，双臂应与肩膀保持水平。然后再次小心地放下双臂。

颈后推举

在大多数健身房中，有该练习的专用机器，但在力量训练周期中也应该用哑铃和杠铃做这个练习。

1 握哑铃，弯曲手臂。稍微凹背，在整组练习中收缩稳定肌肉。确保锁紧手腕，并且不要松掉。

1

2

2 上推哑铃。不要锁定肘部。然后让哑铃回到起始位置。

肱二头肌

杠铃弯举

该练习可以有很多种变化。可以使用直杆或曲杆。如果受到手腕问题的困扰，就应该始终使用曲杆。

1 站立，双脚与髋同宽，握住杠铃杆。

2 抬起前臂，将杠铃杆缓慢而小心地带向胸部。

1

2

反握引体向上

　　该练习其实可以让两侧的肱二头肌都得到很好的锻炼。身体过头的姿势意味着有很强的预拉伸力。初做时，只是升起自己的体重就要停止。

1　双手反握单杠，距离与肩同宽，手指朝上，并且双手的手掌都面向自己的脸。肘部稍微弯曲。

2　在将身体向上拉时呼气。在最后的位置时，胸部与单杠持平。然后，缓慢而小心地再次降低身体。

哑铃弯举

1 站立，双脚与髋同宽，双手各握一只哑铃。现在抬起前臂，可以选择双臂一起或单臂轮流练习。

2 弯举动作开始时，双手向内，处于最低点，然后在抬手时，双手或单手转向上。这个练习是专门针对前臂的向外扭转运动。

1

2

在器械上的弯举

该练习需要有一个支撑台进行训练，用于在练习过程中阻止双臂向后移动。握法通常与握曲杆相同。

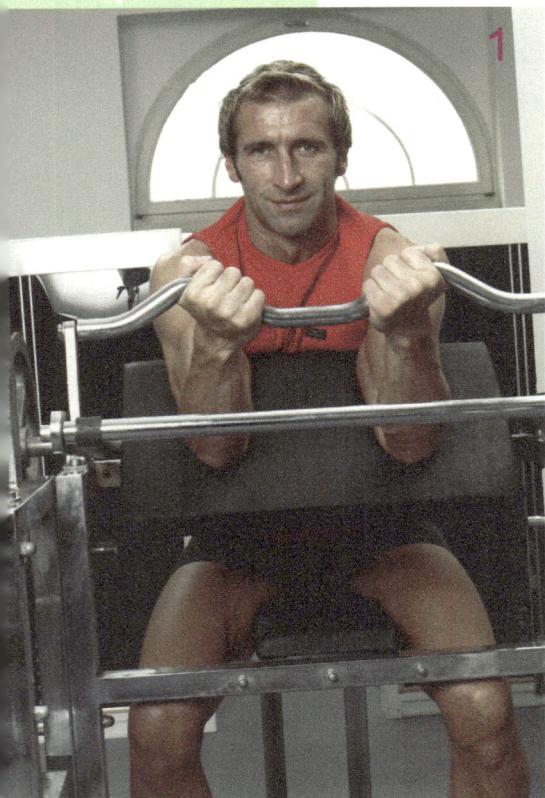

1 双手握杆。在整个练习过程中都要锁紧手腕。将杆拉向上身。

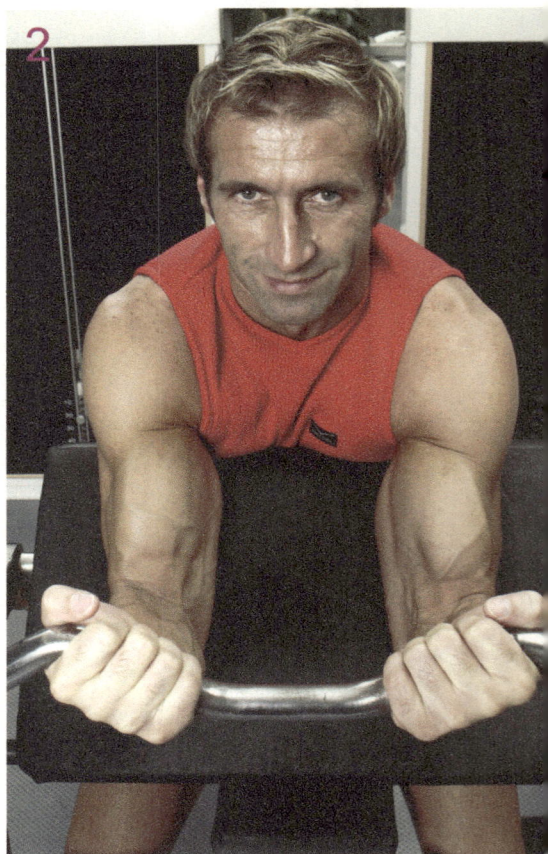

2 伸展双臂，并缓慢而小心地让双臂向前伸。

肱三头肌

窄握卧推

肱三头肌是肱二头肌的拮抗肌，位于上臂的背面。这是一块非常结实的肌肉，可以承受的负荷通常比其他肌肉高得多。

1　平躺在长凳上，弯曲并抬起双腿，以减轻腰背部的负担。正握横杆，让手背向着头部。双手之间的距离应该比肩窄。

2　将横杆向上推。双肘仍然应该与肩同宽。不要锁定肘部。

双臂屈伸

1 在双杠上支撑住自己。

2 让自己缓慢且小心地下降，直到上臂大致平行于地面。肘部向后指，并且身体在移动期间不应向外移。然后，从最低的位置平稳地向上推回到起始位置。

为了使肱三头肌上的负荷尽可能高，上身应保持竖直。如果上半身前倾，胸部肌肉就会参与练习。

肱三头肌下压

1 站在架子旁边，后退一步。握住横杆的把手。

2 将横杆拉下来。在整个过程中，上臂保持在身体两侧，只有前臂在上下移动。交替使用设备上所有可用的把手和绳索。

腹部

屈膝仰卧起坐

　　平躺在垫子上，双手放在太阳穴的位置。弯曲双膝，脚跟稍微推向臀部，这在很大程度上有助于阻止强大的髋部屈肌参与练习。

　　上半身从垫子上弯起来，每节脊椎依次离开垫子。不要将下巴压向胸部。放松头部和颈部的肌肉。然后上身慢慢躺下，每节脊椎依次回到垫子，头和肩不要碰到垫子。保持腹部紧张，重复上述动作。在抬起上半身时呼气，在躺下时吸气。

第 6 章
计划

谨慎地选择健身房，因为只有自己感到舒适和受到良好对待时才会保持锻炼的积极性。膝盖和脚踝以前受过的伤越多，用强壮的肌肉去减轻这些结构的负担就显得越重要，一直到年老时都要靠它们了。谁知道呢：或许在踢足球的岁月过去以后，你会以健身房作为体育活动的基地。

最起码，大肌肉群应该执行尽可能多样的举重运动。只有多样化的训练计划才可能实现这一点。只进行重量训练的基本练习（如深蹲或卧推等多关节运动）是没有什么意义的，因为它们只能锻炼某一部分的肌纤维。

硬拉是基本的举重练习之一。

练习有变化，就可以确保肌肉得到全面的锻炼。例如，斜卧推还训练了在锁骨区域附近的胸肌上部纤维。如果只做普通卧推，就不会受益于这种强化作用。

不仅练习的内容需要有所变化，执行练习的顺序也同样要有变化。锻炼最多8周就应稍微变化，以避免停滞，并实现持续提高。

因此，增肌阶段和最大力量阶段应该轮流进行，以改变训练量和训练强度。也可以交换某些肌肉群的练习，或暂时改变练习的顺序。这就使负荷搭配可以多样化。

6.1 活动范围

在每一个练习中，骨头都先移动到一起，然后再分开。它们移动多远取决于所涉及的关节的活动范围。柔韧的肌肉使我们可以利用整个活动范围，这是能够举起训练重量通过整个活动范围的前提条件。如果不具备这个前提条件，由于活动受限，在训练的重点区域的肌肉会变得更强壮。仅仅得到部分强化的肌肉，假以时日，就会失去柔韧性。

在每一次练习中都要实现全活动范围的移动。

训练提示

以适度的节奏执行所有动作。基本的规则是，在整个运动过程中，应该能够在可控的情况下移动重物。当然，这并不意味着应该以慢动作进行训练，但动作也不应该太快，因为离心力的作用会使人更难控制重物。

在练习举重时不推至最后一寸，也就是没有让关节完全锁定。这样做会得不偿失，有长期的风险。许多运动员不使用全活动范围的主要原因是，他们举起的重物太重。只是为了能够多举起4.5千克而不正确地执行练习，这是完全没有意义的。对于足球运动员尤其如此，他们并不是想打破健身馆的纪录，只是想在足球场上有更好的发挥。

6.2 短时练习概述

周期：	6 ~ 8周
目标：	快速学习各种运动形式
	训练核心稳定性
锻炼持续时间：	75 ~ 80分钟

热身

练习	时间
任何有氧运动器材	10分钟

腿部

练习	重复次数	组数
腿部伸展	15 ~ 25	2
腿弯举	15 ~ 25	2
内收肌	15 ~ 25	2

背部

练习	重复次数	组数
山羊挺身	15 ~ 25	2
坐姿划船	15 ~ 25	2

胸部

练习	重复次数	组数
卧推	15 ~ 25	2
飞鸟式	15 ~ 25	1

肩部

练习	重复次数	组数
三角肌侧平举	15 ~ 25	2

肱三头肌

练习	重复次数	组数
肱三头肌下压	15 ~ 25	2

肱二头肌

练习	重复次数	组数
哑铃弯举	15 ~ 25	2

小腿

练习	重复次数	组数
提踵	15 ~ 25	2

腹部

练习	重复次数	组数
屈膝仰卧起坐	尽可能多，至筋疲力尽	3
反向仰卧起坐	尽可能多	2

放松

练习	时间
任何有氧运动器材	10分钟

6.3 增肌训练

周期：	8周；在初学者计划之后
负荷：	40% ~ 60% 的最大重量（训练的第一年）60% ~ 75% 的最大重量（有经验的）

第1周的训练

热身

练习	时间
任何有氧运动器材	10 ~ 15分钟

腿部

练习	重复次数	组数
腿弯举或深蹲	8 ~ 12	3
腿部伸展	12	2
外展肌	12	2

背部

练习	重复次数	组数
山羊挺身	15 ~ 25	2
坐姿划船	8 ~ 12	2

胸部

练习	重复次数	组数
卧推	8 ~ 12	3
飞鸟式	12	2

肩部

练习	重复次数	组数
三角肌侧平举	8 ~ 12	2
前倾三角肌侧平举	8 ~ 12	2

肱三头肌

练习	重复次数	组数
双臂屈伸	8 ~ 12	2

肱二头肌

练习	重复次数	组数
反握引体向上	8 ~ 12	2

小腿

练习	重复次数	组数
提踵	15 ~ 25	3

腹部

练习	重复次数	组数
屈膝仰卧起坐	尽可能多	3

放松

练习	时间
任何有氧运动器材	10分钟

第2周的训练

热身

练习	时间
任何有氧运动器材	10 ~ 15分钟

腿部/臀部

练习	重复次数	组数
腿弯举	10 ~ 12	3
腿部伸展	10 ~ 12	3
内收肌	12	3
腿后踢	8 ~ 12	3

背部

练习	重复次数	组数
拉力器下拉	8 ~ 12	3
山羊挺身	15 ~ 25	1

胸部

练习	重复次数	组数
斜卧推	8 ~ 12	3

肩部

练习	重复次数	组数
颈后推举	8 ~ 12	3

肱三头肌

练习	重复次数	组数
窄握卧推	10 ~ 12	2

肱二头肌

练习	重复次数	组数
杠铃弯举	10 ~ 12	2

小腿

练习	重复次数	组数
提踵	15 ~ 25	2

腹部

练习	重复次数	组数
扭身仰卧起坐	尽可能多	2

放松

练习	时间
任何有氧运动器材	10分钟

6.4 最大力量训练

周期：	4周；在增肌训练之后
负荷：	85% ~ 95%的最大重量
	没有单一的重复动作！

热身

练习	时间
测力计（不是踏步机）	10 ~ 15分钟

腿部

练习	重复次数	组数	负荷
深蹲或	12	1	轻松
腿部伸展	8	1	中度
	3 ~ 5	3	沉重

背部

练习	重复次数	组数	负荷
坐姿划船	12	1	轻松
（只适用于装置	8	1	中度
提供上身支持	3 ~ 5	1	沉重
的情况）			
备选：拉力器下拉			

胸部

练习	重复次数	组数	负荷
卧推	12	1	轻松
	8	1	中度
	3 ~ 5	1	沉重

肩部

练习	重复次数	组数	负荷
颈后推举	12	1	轻松
	8	1	中度
	3 ~ 5	1	沉重

腹部

练习	重复次数	组数
屈膝仰卧起坐	尽可能多	2
反向仰卧起坐	尽可能多	2

放松

练习	时间
任何有氧运动器材	10分钟

6.5 恢复性训练

周期：	在赛季中，不能做强化力量训练的锻炼
负荷：	40% ~ 50%的最大重量
	（业余运动员）
	60%的最大重量
	（有经验的运动员）

热身

练习	时间
任何有氧运动器材	10 ~ 15分钟

腿部

练习	重复次数	组数
腿弯举	8	2
腿部伸展	8	2
内收肌	8	2

背部

练习	重复次数	组数
坐姿划船	8	2
拉力器下拉	8	2

胸部

练习	重复次数	组数
卧推	8	2

肩部

练习	重复次数	组数
三角肌侧平举	8	2

肱三头肌

练习	重复次数	组数
肱三头肌下压	12	1

肱二头肌

练习	重复次数	组数
哑铃弯举	12	1

小腿

练习	重复次数	组数
提踵	15 ~ 25	2

腹部

练习	重复次数	组数
屈膝仰卧起坐	尽可能多	2

放松

练习	时间
任何有氧运动器材	10分钟

重点

静力肌肉训练

初学者更易于从静力训练中受益。这种类型的训练从20世纪70年代开始流行，包括以恒定的关节角度进行肌肉的静态收缩。举个例子，在训练肱二头肌时，拿着哑铃，保持直角。选择的重量要足够大，使得尽力保持该姿势的时间不超过6~8秒。

静态训练的优点是，有许多练习都不需要哑铃或其他装置。例如，让双手以不同的方式对压或压在稳定的物体（如墙壁、门框等）上，可以训练胸部和手臂的肌肉。利用哑铃可以进一步细化这种训练。许多所谓的强化方法都是混合练习，多少有点类似于静力训练。如果真的专注于使用最大的力气，这是一个相对精简和快速的训练方法。

然而，静力训练也不是什么魔法棒。其缺点主要是会损失肌肉弹性，并对心血管系统造成潜在的危险压力。这可以通过良好的呼吸技巧以及动静态相平衡的组合练习来抵消。

小结

- 练习多样化。
- 交替执行不同的训练计划。
- 在每个练习中利用完整的活动范围。
- 始终确保自己正确地执行每个练习。

第 7 章
肌肉营养

肌肉需要高蛋白食物。如果只是增加碳水化合物和脂肪的摄入量，是无法增加肌肉组织的。这些营养素只是为训练及日常活动提供能量，需要有蛋白质才能增加肌肉组织。这就像盖房子：如果没有砖，不管有多少工人在干活，这项工作都必须停止。然而，蛋白质是昂贵的，不应该被无谓地浪费掉。

尽管重量训练的目的是为了增加力量，但训练本身会故意破坏肌肉组织。为了变得更强壮并增加肌肉组织，必须首先撕裂肌肉纤维。

现代足球比赛要求有高水平的身体条件。我们经常听到评论员或教练说，某位球员甚至整个球队在比赛结束前就已耗尽力气了。在团队运动中，肯定是需要力量的（我们已经在这本书中看过这句话），但是球员筋疲力尽时，他们缺乏的并不是力量，而是耐力。

根据营养学，耐力主要依赖于富含碳水化合物的食物的最优摄入量。像所有含糖食品那样，面包、面食、米饭、蔬菜和水果都提供这种营养。

营养提示

即食食品在运动员的厨房里没有立足之地。我们不能离天然食物太远。如果希望自己的身体有更好的表现，它需要的远远不只是可以存放多年的加工玉米糊。要为身体提供尽可能新鲜和有营养的食物。

脂肪也提供能量：每盎司（1盎司约为28克）的糖可以提供的能量近两倍于碳水化合物。但是，需要进行大量的训练，才能让从脂肪提取能量的过程发挥最好的效果。定期的超长耐力负荷训练是必需的，而这是足球运动员永远不会做的练习。

这种脂肪摄入量对于马拉松运动员和三项全能运动员

很重要，但对于团队运动，过多的脂肪摄入会对身体状况产生负面影响。特别是在一顿饭中组合了碳水化合物和大量的脂肪时，碳水化合物的代谢会受到负面影响。肉酱意粉对于有抱负的足球运动员来说不是一个好的选择，至少在赛季中可以这样说。解决这个问题的办法是自己下厨，并尽可能采用低脂肪成分的食物。如果用塔塔酱和少许橄榄油来调制肉酱，脂肪含量自然会减少。但是，如果在餐厅或在妈妈家吃饭，很可能就不会注意这些方面！

如果在一顿饭中加入碳水化合物和过多的脂肪，对代谢会产生负面影响。

7.1　适合肌肉的超级美食

任何形式的肌肉活动都需要能量，并且能量必须不断地得到补充，因为人体自身的"油箱"是有限的，至少对于碳水化合物这种超级燃料来说是如此。然而，通过更好的健身运动和富含碳水化合物的饮食，理论上，该存储容量几乎可以加倍。

但是，肌肉如何从碳水化合物中获得能量呢？在每个肌肉细胞中，都有碳水化合物的储备，以小颗粒的糖原形式存储。通过血液循环，用血糖补充这些储备。在正常的日常生活中，这个系统总是能够提供足够的能量。

对于在负荷过程中的碳水化合物摄入量，除非是非常

低脂肪的成分可以大大减少像意大利方形饺这种面食中的脂肪含量。

长时间的负荷，否则对能源储备的直接影响可以忽略不计。
然而，饮用含糖量低于8%的液体可以帮助提升体能。这些
饮料能防止血糖水平过早下降，以及所导致的协调性和专
注度下降。

营养提示

即使在高负荷的情况下，身体也很难每小时吸收超过850
毫升的液体。在比赛过程中，尽管有许多短暂的中断，但只有
在半场休息的时候才可能补充液体。即使是很少量的液体损失
也会明显降低体能水平，因此，在比赛开始前应该喝200~400
毫升的液体。

在比赛当天吃的碳水化合物对比赛过程中所使用的能量
没有任何影响。如果储量未满，即使在比赛前再吃一份意大
利面也无济于事。糖分子只会在消化过程完成后才能变成糖
原储备。

7.2 碳水化合物

即使不是营养科学家也会知道，在汽水或糖果中的糖对
体能水平产生的有益作用不如在新鲜水果中的糖。为了理解
我们的身体对不同的碳水化合物来源所做出的不同反应，我
们必须深入了解身体的复杂代谢过程。

低糖饮料防止血糖水平过早下降，以及所导致的协调性和专注度下降。

相比复合碳水化合物，单糖和双糖往往被斥为"坏糖"。原因是，更复杂的糖分子（比如在全谷物产品中发现的淀粉）会比葡萄糖等简单的糖分子更缓慢而稳定地经过肠道，进入血液，从而避免造成过高的胰岛素峰值。

复合碳水化合物只是适度地提高血糖水平，不会造成过高的胰岛素峰值。

然而，在实践中，事情并没有那么简单。例如，就其对血糖水平的作用而言，一般的家用糖（一种双糖，由一个葡萄糖分子和一个果糖分子组成）被认为是无害的，因为葡萄糖的负面作用被果糖的正面作用抵消了。如果要找个理由责怪家用糖的话，那就是它包含空热量。在水果中的果糖也是单糖。但是，这不应该让任何人停止定期吃水果。

与其想知道特定食品中含有多少碳水化合物分子，或者以血糖指数的清单作为购物指引去区分好的食物和坏的食物，倒不如为自己的日常饮食设定一个适用于一切食物的目标：尽可能自然地吃。食物在最终上盘子之前经过的准备步骤越多，其营养价值就越少。

刻苦训练的运动员的身体不仅有权在用餐时得到满足，并且应该用大自然能提供的最佳食品去滋养它。因此，在准备食物时的指导原则是，分量不要过多，工序尽可能少。我们现在距离野外生活的年代已几十万年，大多数人都消化不了生肉。所以，我的意思不是说必须成为生食的狂热分子，或吞食生牛排。但蔬菜不宜煮得过熟，或放太多调味料；应该蒸熟蔬菜，以保留其维生素。生的蔬菜沙拉也基本上保持了蔬菜的重要成分。当然，也应该购买尽量新鲜的食材，并且购买时间与烹制时间尽可能接近。罐头食品应该是绝对要排除的。新鲜食材的最佳替代品是冷冻食品。与普遍的观点相反，现代化的冷冻食品甚至含有像空气可溶性维生素这样的营养物质，并且几乎完整地将它们保存下来。

> 应该购买尽量新鲜的食材，并且购买时间与烹制时间尽可能接近。

7.3 正确的饮食

与汽车燃料的比较已经阐明，碳水化合物的绝对摄入量应与消耗量紧密相关。所以，在足球运动中，踢球的能力和训练的努力是决定性的。每周训练两三次且周末坐在替补席上的人，自然比每天训练两次且每个周末都踢完90分钟比赛的人需要更少的碳水化合物。在强化训练中，碳水化合物的需求可能会上升到每5千克体重28克。如果一名球员体重75千克，这意味着他每天至少需要420克的碳水化合物。年龄较大的球员可以用252 ~ 294克的碳水化合物对付过去。

如果没有体育科学支持团队帮助你计算出能量需求，那么你只需每天检查自己的体重。体重的任何增减都表示所摄入的能量相对于你的需求过高或过低。

碳水化合物的营养往往是不足的，首先是因为吃了太多的脂肪，其次是因为，每天吃几百克"健康的"碳水化合物并不是那么容易。所有含淀粉的食物（如面食、米饭和面包）都很重要，最好是全谷物品种。

对于认为全谷物食品专属于"健康怪人"的那些人来说，有一点理由：经过艰苦的锻炼后，必须吃点甜的。此时，正需要胰岛素峰值。已经排空的细胞现在迫切需要补充在锻炼过程中用完的营养物质，因此在之后数小时内都特别容易吸收。

足球运动员应该选择全谷物类型的淀粉类食物，如面包。

在血液中循环的营养成分要依赖于胰岛素才能到达细胞。在锻炼之后可以吃一个雪糕或一块蛋糕，无须感到愧疚。但在比赛前不应该这样做，因为吃完之后所增加的能量很快就会消失，远远撑不到比赛或锻炼结束。

锻炼后的大餐肯定是允许的，因为恢复所必需的在血液中的营养物质要依赖胰岛素。

营养提示

全谷物燕麦片对于疲劳的肌肉来说是一流的能量来源。除了大量的碳水化合物（每100克中含近60克碳水化合物）和植物蛋白，它还含有丰富的矿物质，可以带来重要的微量元素，比如钾和镁，以及对肌肉活动很重要的维生素。

顶级足球运动员也可以选择营养补充品。虽然业余球员在淋浴头下已经开始感觉到饿，但随着训练强度的增加，这种感觉会渐渐减轻。但是，快速补充营养储备对于顶级的足球运动员来说特别重要。恢复所需的时间决定了何时可以进行下一次锻炼，并获得最好的效果。由于这些补充品可以在液体中溶解并饮用，你甚至可以在没有感到饥饿时食用它们。营养补充品还包含必需的热量，当然，热量被认为是总能量摄入的一部分。

营养提示

7.4 蛋白质的组成部分

蛋白质是在体内构建几乎所有细胞时都需要的组成部分。密集训练的人首先需要更多的蛋白质，其次，他们会消耗更多含有蛋白质的组织，在锻炼后必须尽快补充。蛋白质摄入不足总是会影响力量水平和整体体能水平。缺乏蛋白质也可能导致免疫系统受损。

蛋白质摄入不足会影响力量和整体体能。

诚然，蛋白质的消耗量不如它所含有的氨基酸的范围那么重要。蛋白质只是完全不同的氨基酸分类的统称。在一般情况下，我们的身体对"外来"蛋白质的摄入反应很厉害。在以食物形式摄取时，蛋白质被立即分解。进入血液的蛋白质链越小，我们的身体就越容易对付它们。这些短链氨基酸被称为肽。

只有最多5个连在一起的氨基酸分子可以从肠道被吸收进入血液。这就是为什么在看到复杂的蛋白质链作为某种灵丹妙药出售时，我们就要小心。更重要的是，只要消耗足够数量的身体最需要的氨基酸，然后身体可以利用这些氨基酸来建立必要的蛋白质链。

像碳水化合物那样，蛋白质源的质量是很重要的。肉比香肠好，鱼比炸鱼饼好，天然牛奶产品比那些加了糖、调味剂和色素的"改良品"好。

营养提示

对于成分而言，鸡蛋实际上比传言中的更好。它的蛋白质含量特别高。但是，购买鸡蛋时要小心；将它们放进购物车时，如果已经过了生产日期一周了，这就增加了鸡蛋里含有细菌和沙门氏菌的危险。因此，最好直接从生产商处购买鸡蛋。

以体能为目标的足球运动员每天食用的蛋白质总量应该按每18.6千克体重约28克蛋白质计算。这意味着体重75千克的人每天约食用112克。这反正与正常的食用量没什么不同。但来源应该是不同的，因为蛋白质的许多来源都附带多种饱和脂肪酸，而身体实际上可以只使用其中的一些来生成激素。大多数被用来产生能量。但碳水化合物已经满足了能量要求。如果加入大量脂肪，就会像是往油箱里加入超级燃料，然后在上面添加普通燃料。

就像汽车那样，多余的能量只会溢出，并最终流到胃、臀部和大腿周围。

我们的蛋白质需求有一部分来自植物，它们也提供碳水化合物，如面包或其他面食。应食用高质量的动物蛋白，脂肪越少越好，如禽肉、脱脂牛奶、农产品和鱼。

7.5 完全不含脂肪

当然，我们并不需要从饮食中消除每一盎司的脂肪。这不仅是没有必要的，而且是危害健康的。人体的确需要脂肪，至少像橄榄油中的单不饱和脂肪，以及在鲑鱼、鲭鱼或葡萄籽油中可以找到的Omega-3脂肪酸。一个星期吃两次鱼，尤其是油性冷水鱼类，这是个好主意。每当需要植物油时，都可以使用橄榄油。

应该消除的脂肪是饱和脂肪，它们基本上只提供在我们的现代生活方式中不需要的能量，作为刻苦训练的足球运动员，就更不需要它们了。多余的饱和脂肪不仅让我们发胖和产生不希望的"问题"，长期来说，它们还可能让我们生病。因此，要将脂肪摄入量限制为总热量摄入量的20%。

食用油含有我们的身体需要的单不饱和脂肪。

美国专家建议上限不超过30％，但超过的10％应该留给真正提高体能的食物，如碳水化合物和蛋白质。

营养提示

足球运动员和其他运动员需要补充更多的抗氧化物质，如维生素C、维生素E、β－胡萝卜素或者硒元素等微量元素。在锻炼过程中的高耗氧量让运动员承受极大的氧化应激。抗氧化物质可以针对所产生的自由基提供相当好的保护。

7.6 比赛结束后来两瓶啤酒

关于酒精的另一句话：对于很多球迷来说，酒是足球的一部分，就像他们的球队的围巾和旗帜那样。庆祝一场意想不到的胜利或者赛季结束，这并没有什么不妥。然而，有些人经常一天喝超过两杯啤酒，这样做不仅会消除身体内重要的矿物质镁，还会大大降低其睾丸激素水平，并损害身体的恢复能力。相反，应该多喝水。绝对最低限度是每天喝2000毫升水；如果在炎热的日子里进行训练，对水的需求很容易就会翻倍。如酒精和咖啡等利尿饮料只会提高对水的需求。

经常饮用酒精会损害身体的恢复能力。

重点

营养补充品

蛋白质、支链氨基酸、碳水化合物和维生素等，不仅可以在食品中找到，也早已通过营养补充品的形式提供。至于这些营养补充品的价值，存在意见分歧。有些医生和运动科学家认为它们可以提高体能水平，但也有相当保守的群体声称它们是不必要的，并建议均衡饮食即可。

这些观点的问题在于，它们与运动员的日常生活没什么关系。球员即使还没有投身职业比赛，并且幸运地有营养科学家提供建议，也必须应付一天的辛苦工作和家庭生活。这意味着他的饮食通常只是像非运动员那么随便。在常规饮食中当然可以很容易地吸收足够的蛋白质或碳水化合物，但这涉及要考虑每一餐，什么都不能遗漏，并且在准备每一种食物时要使所有的营养成分都被保留。

所以，基本上营养补充品的问题其实并不是思想观念或理论计算，而是实际的考虑。它们不能创造奇迹；毕竟，它们不是药品。蛋白质补充剂通常从乳品或大豆获得，但它们让运动员的生活更轻松。然而，应该记住，补充品并不能替代传统食品，只是补充。

小结

- 碳水化合物是足球运动员最重要的能量来源。
- 最好食用尽可能自然状态下的碳水化合物。
- 精制糖和含糖汽水在运动员的饮食中没有立足之地。
- 低脂肪的蛋白质来源为人体细胞提供组成部分。
- 单不饱和脂肪和Omega−3脂肪酸不应该只是足球运动员饮食的一部分。
- 饱和脂肪酸主要提供能量，如果现有的碳水化合物摄入量已经满足能量的需求，则饱和脂肪酸是不必要的，甚至会危害健康。

图片引用说明

封面设计和版面：延斯·福格申

封面照片正面：dpa Picture–Alliance
背面：亚武兹·阿尔斯兰

所有内页照片
亚武兹·阿尔斯兰/imageattack

以下除外
Adobe图片库：第28页、第41页
德克·鲍尔/photoplexus：第116页
EyeWire Images：第6页、第9页、第22页、第25页
丹尼尔·库尔施/photoplexus：第29页、第114页
Life Fitness：第34页
Mev Verlag：第111页、第113页、第120页
Pixelquelle.de：第110页、第112页、第117页、第118页、第119页、第121页